L'ORPHELINE

DE

QUATRE-VINGT-TREIZE.

IMPRIMERIE DE MARCHAND DU BREUIL,
Rue dê la Harpe, nᵉ 90.

L'ORPHELINE

DE

QUATRE-VINGT-TREIZE.

PAR RABAN.

———

TOME TROISIÈME.

PARIS,

THOISNIER-DESPLACES, LIBRAIRE,

RUE DE L'ABBAYE, Nº 14.

—

1832.

L'ORPHELINE

DE

QUATRE-VINGT-TREIZE.

●○▷●◇●▷●◇○◇●◇●◇●◇◆ ▷◇◇●◇●◇●◇●◇○ ◆▷◇○◇●◇◇○◇▷●◇ ○◇●◇●◇●◇◆▷◆

CHAPITRE XII.

MARIAGE, RUPTURE.

> Un coup de poignard est puni par
> les lois, et le déchirement d'un cœur
> sensible n'est l'objet que d'une plai-
> santerie. Ne vaudrait-il pas mieux se
> permettre le coup de poignard?
>
> *Madame de Staël.*

> Que peut craindre un grand cœur quand sa vertu lui reste?
>
> *Crébillon.*

MONSIEUR Néville était encore tout
étourdi de cette singulière indiscré-

tion de madame des Retours, qui
semblait le séparer à jamais de sa
charmante Sophie; il ne pouvait se
rendre compte s'il l'aimait éperdu-
ment, puisqu'il avait obéi sans réflexion à un sentiment d'indignation
que lui avait inspiré la naissance de
cette jeune personne, à cette pensée
qui se représentait sans cesse à son
imagination, que cette personne sans
fortune, que son amour voulait éle-
ver jusqu'à lui, était née de parens
inconnus, et que la chose la plus favorable qui pouvait le flatter, c'est que
c'était un enfant illégitime : cette dernière idée semblait faire évanouir tout
l'intérêt, tout l'amour qu'elle pouvait
lui inspirer.

En rentrant chez lui, il répétait

encore involontairement cette expression qu'il ne pouvait oublier : Elle sort
des Enfans - Trouvés... Cependant,
après avoir bien réfléchi sur les infor-
tunés que le hasard place dans ces
bienfaisantes institutions , il sentit
avec justice que ce n'est point sur
eux que doit retomber la faute et de
leur naissance et de leur abandon ,
mais bien sur des parens dénatu-
rés que le ciel devrait punir d'une
action aussi exécrable aux yeux de la
société, puisque ces jeunes et inté-
ressantes créatures semblent en être
rejetées , et qu'elles portent avec elles
la flétrissure ou la punition d'une
faute ou d'un crime qui ne saurait
leur être imputé. La nature , qui dis-
pense, qui répand indistinctement

sur toutes les classes de la société les génies, les talens et les vertus, qu'ensuite le hasard, les circonstances découvrent, développent, ne peut-elle pas également placer les plus brillantes qualités sur un enfant que l'on trouve dans un de ces bienfaisans hospices? Tout bien considéré, je crois que j'ai eu grand tort, disait-il, d'avoir cherché à humilier mademoiselle Duteil, par le reproche injuste que je m'efforçais de lui répéter; je sens que je l'aime toujours, et peut-être plus encore, parce que je trouve que sa possession est beaucoup plus difficile que je me l'étais d'abord imaginé. Quel préjugé s'élèverait au fond de mon cœur pour mettre obstacle à notre union?

Serait-ce donc son origine inconnue? Mais celle de mon père est-
elle donc illustre pour me récrier si
fort sur celle des autres ? Mon aïeul
était un huissier qui était dans une pi-
teuse odeur de réputation, puisqu'il
avait été forcé de s'allier à une femme
de mauvaise vie, afin de pouvoir acheter sa misérable charge d'huissier.
Qu'aurais-je à répondre si aujourd'hui
on venait m'en faire le reproche ?
Heureusement notre régénération
politique exige que tous les rangs
soient confondus; on s'honore vo-
lontiers d'une basse extraction, et
l'on ne se permet plus aucune
recherche, aucune arrière-pensée
sur un objet d'une si faible importance. Je conviens, pour présenter un

côté favorable à ma connaissance, que
mon père avait fait un très-bon mariage,
en récompense d'une cause difficile
dont il s'était chargé et qu'il avait ga-
gnée. Enfant unique de cette alliance,
il en est résulté qu'ils m'ont laissé une
assez belle fortune, dont je ne fais
point un mauvais usage, et qui me
donne dans le monde un rang assez
distingué pour effacer tout ce que
pourrait avoir d'obscur l'origine de
mon père. Lorsque j'aurai élevé
jusqu'à moi la belle et intéressante
Sophie, on ne s'occupera guère de ses
parens, on ne considérera que sa sagesse et sa beauté; et c'est surtout
sur sa vertu que je veux faire consister mon bonheur. Ainsi, après tous
ces sages conseils et de mon amour

et de ma conscience, il faut à l'instant que je retourne réparer la faute que très-malhonnêtement j'ai commise chez madame des Retours.

Assez satisfait de sa nouvelle détermination, M. Néville se rend chez ses deux jeunes amies. Elles en étaient encore à cette assurance réciproque qu'elles se témoignaient de sentimens affectueux, en se déclarant qu'elles ne voulaient plus recevoir personne. Etonnées de l'arrivée de ce jeune homme, elles sont assez embarrassées de savoir comment elles vont s'y prendre pour lui faire part du projet qu'elles ont conçu, et qui le regarde plus que toute autre personne. Sans attendre qu'elles manifestent hautement leur étonne-

ment, le premier il leur adresse la
parole.

— Vous devez sans doute me
trouver bien imprudent, mesdames,
d'oser me présenter chez vous, d'a-
près ce qui s'est passé il y a quelques
heures dans cet appartement : je n'y
reviens que pour vous prouver que
c'est le respect, mon amour et mon
devoir, qui me ramènent à vos pieds.
Je dois sentir que je me suis trop
laissé entraîner à une première im-
pression, et que j'ai été assez peu res-
pectueux, par mes exclamations, pour
froisser votre délicatesse et votre
amour-propre.

— Mais, monsieur, nous ne vous
faisons aucun reproche, dit madame

des Retours en tâchant de se remettre de sa surprise , et vous avez
eu tort de vous donner la peine de
revenir.

— Je vous demande pardon, madame , dit Sophie tout émue , mais
je suis forcée de vous quitter. Permettez.....

— Non, mademoiselle, s'écrie Néville en allant au - devant d'elle ,
vous ne nous abandonnerez point ,
vous resterez auprès de nous au moins
quelques instans , je vous en supplie.
C'est de vous particulièrement que
j'attends mon pardon , car c'est vous
que j'ai le plus offensée. Daignez ne
point me refuser la grâce que je vous
demande.

— Monsieur, croyez que je ne vous
en veux point, et que je n'ai nul droit
de me plaindre de vous... Si ma destinée est que je sois la plus malheureuse
des femmes , ce n'est point à ceux
qui sont assez bons pour me faire
apercevoir que je ne dois point sortir
de la ligne que ma naissance m'a as-
signée, qui peuvent ni me contra-
rier, ni m'humilier; c'est à moi seule
à prendre sagement mon parti à cet
égard sans en murmurer.

— Mademoiselle, nous ne nous en-
tendons pas , bien que je désirasse
qu'il existât une parfaite harmonie
entre nous. Je ne viens pas pour continuer la maussade conversation de
tout à l'heure , et encore moins pour
l'éclaircir : je ne viens que pour vous

dire que je ne puis pas vivre sans vous , que je vous aime , et que je vous aimerai toute ma vie , et c'est à genoux que je vous supplie de recevoir l'hommage du plus tendre amour.

— Je croyais , monsieur Néville , m'être expliquée assez avec vous , pour ne pas vous laisser une arrière-pensée à cet égard ; et j'étais loin de m'attendre à une nouvelle déclaration que je ne croyais point avoir autorisée ; au contraire , je vous....

— Ne vous en prenez qu'à la puissance de vos charmes , si vous avez captivé toutes mes facultés et si vous m'avez inspiré un amour que rien désormais ne peut altérer. Je ne viens point pour vous offrir un simulacre de sentimens qu'un court espace de temps pourrait faire évanouir, et qui n'aurait d'autre but, en vous en présentant l'hommage, qu'un passe-temps, qu'un amusement instantané. Je viens bien déterminé dans ma résolution de partager avec vous mon cœur et ma fortune. Je viens vous supplier d'avoir la bonté de m'accepter pour époux, et de me rendre enfin possesseur légitime de tout ce que la nature a formé de plus beau et de plus attrayant.

— Trop précipitamment, monsieur, vous vous laissez entraîner à un sentiment que vous croyez durable, et que je dois combattre d'après ma position, et surtout d'après

ce qui s'est passé entre nous il y a
peu de temps. Je serais coupable sans
doute si j'allais saisir avec enthousiasme l'honnête proposition que vous
me faites l'honneur de me faire ; je
dois vous prier à mon tour de m'ac-
corder quelque temps pour me résou-
dre à une démarche, à une action
qui doit décider du bonheur de mon
existence.

— Non, mademoiselle, si j'accep-
tais ce que vous me demandez, avec
votre délicatesse ordinaire, vous
pourriez croire que je ne suis point
encore ferme dans mes résolutions ;
c'est à l'instant même que je vous
supplie d'accepter la proposition que
je vous fais à genoux.

— Mais il me semble que vous devriez au moins me donner le temps de consulter mon cœur sur une chose aussi importante ; car vous êtes assez raisonnable pour savoir qu'on n'improvise pas une détermination dont le résultat est un lien que l'on ne brise pas avec autant de facilité qu'il peut y en avoir à faire une déclaration.

— Plus vous m'opposerez de résistance, et plus vous exciterez en moi le désir de savoir mon sort. Il faut aujourd'hui même que j'apprenne de vous ce qu'il faut que je devienne ; il faut que vous me fassiez connaître si je dois mourir d'amour aux pieds d'une ingrate en me poignardant à vos yeux , ou si vous me rendrez le plus heureux des hommes.

A ces pressantes sollicitations, la jeune Sophie ne pouvait opposer qu'un faible raisonnement, qui était aussitôt combattu par M. Néville; enfin, après une lutte assez opiniâtre de part et d'autre, qui dura quelques heures, il obtint, de mademoiselle Sophie, l'aveu qu'il était presque impossible de lui refuser. Pendant cette longue conversation , madame des Retours n'eut pas le temps de placer la moindre observation , la moindre réflexion. Ce jeune homme, enchanté d'avoir remporté un triomphe si complet, sortit pour faire les préparatifs nécessaires à la célébration de cet hyménée, après avoir baisé avec la plus tendre effusion la main de sa future épouse.

— J'espère, ma chère Sophie, dit la jeune veuve en souriant, que ce jeune homme est expéditif. On ne l'accusera pas de se morfondre pendant des temps infinis en soupirs platoniques et à chanter son amoureuse passion : il ne vous donne pas seulement la faculté de respirer.

— Étonnée au dernier point de sa brusque demande, étourdie encore de sa ténacité pour obtenir à l'instant même une solution, une adhésion favorable à son amour, qu'il m'a été impossible de lui refuser, même en me défendant autant qu'il était en mon pouvoir, je ne sais encore que penser de sa conduite et de la mienne.

— Quel que soit le résultat de vos réflexions, songez bien qu'il n'est plus temps de revenir sur ce que vous avez promis solennellement.

— Je le pense comme vous , madame; cependant je vous avoue que si j'avais quelques données ou quelques lueurs d'espérance de trouver les moyens d'arrêter le cours des démarches qu'il fait dans ce moment pour préparer une union pour laquelle je ne suis nullement disposée , je puis vous assurer que j'en saisirais l'occasion avec le plus grand empressement.

— Vous auriez le plus grand plaisir du monde à vous occuper de com-
mettre une si grande sottise. Ne devez-
vous pas vous trouver extrêmement
satisfaite , dans votre position sociale
et étrangement critique , de rencontrer
un parti qui vous apporte en mariage
plus de soixante mille livres de rente ?

—Eh ! que m'importe cette fortune,
s'il faut la recevoir de quelqu'un qui
ne m'inspire pas le plus faible sentiment d'amour ? Ces prétendus avantages , auxquels je n'avais pas lieu
d'aspirer , et que je partagerai avec
lui , me procureront-ils la satisfaction du cœur et le bonheur de la
vie ? Je ne le pense pas.

— Si vos affections pour votre

époux ne se manifestent pas avant le mariage, il est bien certain que vous en sentirez toutes les heureuses influences aussitôt après la célébration, et que l'amour et l'attachement de votre époux vous auront fait apprécier toutes ses heureuses qualités.

— Non, madame, vous êtes réellement dans l'erreur. Plus je m'appesantis sur ma situation actuelle et sur tout ce qui m'arrive, plus je dois rejeter ses instances et ses vœux, et surtout chercher les moyens de rompre l'engagement que mutuellement nous avons pris, et reprendre la parole que trop inconsidérément je lui ai donnée.

— Sans doute ce n'est pas sérieu-

sement que vous pensez exécuter ce
que vous dites là ?

— Tout me fait sentir la nécessité
d'en venir à cette rupture, et c'est du
fond de mon cœur que je vous ai dé-
veloppé ma pensée. Dût cette résolution me rendre plus malheureuse encore, je dois, ma chère madame des
Retours, je dois la mettre à exécution.

— Mais vous vous perdez, Sophie,
et c'est volontairement que vous cou-
rez à votre perte... Que peut avoir de
répugnance pour vous une alliance
qui vous fait honneur et qui vous
donne un rang dans le monde; un
époux à la fleur de l'âge, et qui est

encore doué de fort belles qualités physiques?

— Je suis si peu tentée de tirer vanité de tous ces avantages, que vous semblez priser si fort, que j'y renonce totalement, et peut-être qu'au fond de votre âme, qui doit être éclairée par la vérité, tout doit vous faire pressentir que je raisonne parfaitement juste.

En terminant ainsi, mademoiselle Sophie se leva pour aller s'enfermer dans son appartement, sans donner le temps à son amie de lui faire de nouvelles objections.

Il serait difficile de bien décider si le projet de Sophie, quoique fortement rejeté par madame des Retours, était entièrement contraire aux sentimens secrets de cette dernière. Il est bien certain qu'elle eût été charmée de voir sa jeune amie contracter un mariage avantageux, mais elle ne pouvait, sans un serrement de cœur, la voir l'épouse de M. Néville, qu'elle voyait toujours avec un nouveau plaisir. Cet intérêt, qu'elle lui portait, avait acquis une double consistance depuis qu'il s'était déclaré pour la jeune Duteil. Il faut cependant lui rendre justice ; malgré ce qu'elle ressentait intérieurement, elle n'en avait pas moins servi la cause de M. Néville en faveur de son amie.

Le restant de cette journée se passa dans ces mêmes dispositions, et la

nuit, qui parut extrêmement longue à
mademoiselle Duteil , parce qu'elle
ne put un seul instant se livrer au som-
meil, ne changea rien de ce qu'elle
projetait. Elle attendait donc avec impatience l'arrivée de M. Néville, pour
lui faire cette singulière déclaration
de rupture. Il ne parut pas de la journée ; vers le soir elle allait lui écrire,
chose qui ne lui était pas encore venue dans l'idée ; car cette manière de
faire connaître sa pensée est beaucoup plus favorable que cette difficulté de s'exprimer facilement en
face de celui à qui l'on fait un mauvais compliment ; elle allait donc lui
adresser une missive dans laquelle
elle lui disait nettement qu'il fallait
qu'il renonçât à tous ses projets ,

ainsi qu'à son amour, parce que, malgré tout ce qu'elle avait promis, il
lui était impossible d'accepter l'offre
de sa main. Le domestique allait partir avec la lettre, lorsqu'on apporta,
de la part de M. Néville, des caisses,
des cartons de diverses espèces et
une corbeille de toute beauté. A la
vue de tant de riches parures et de
tant de jolis colifichets, adressés à
madame Néville, l'envoi du poulet
fut retardé d'abord pour un instant
seulement, tant la coquetterie exerce
son influence perfide sur le cœur des
jeunes personnes. La curiosité lui fit
examiner avec attention et avec beaucoup de détail tous ces magnifiques
présens qui devaient encore embellir
les plus beaux attraits que la nature

（ 25 ）

lui avait prodigués. Après avoir considéré tant de choses rares et pré-
cieuses, elle reprit la lettre des mains
du domestique, et elle la jeta dans
le feu, en disant à madame des Retours : Il est bien certain, ma chère
amie, que l'auteur de tant de munifi-
cences mérite au moins, si l'on a
des choses désagréables à lui communiquer, que ce soit franchement;
c'est avec lui-même qu'on doit avoir
ces sortes d'explications. La jeune
veuve, qui était intérieurement agi-
tée de divers sentimens, répondit
négligemment à ce que lui disait son
amie. Et après avoir longuement satisfait ses yeux, qui se reposaient
agréablement sur tout ce qui était
étalé dans le salon, Sophie quitta

madame des Retours , en se promet-
tant de ne reparaître que lorsque M.
Néville serait présent, afin de mieux
s'expliquer avec lui seul.

Ce ne fut que le lendemain qu'il
se présenta, et qu'il fit prier mademoiselle Sophie de descendre au salon. En le voyant, elle ne put que
balbutier quelques mots d'excuse ;
mais M. Néville , avec beaucoup plus
d'assurance , lui présenta encore un
écrin où il y avait des bijoux de prix
qui avaient appartenu à la famille
de sa mère , et qu'il avait eus en
partage. Il lui présenta en même
temps tous les papiers nécessaires
pour la célébration de leur mariage ,
auxquels il avait joint ceux de Sophie, qu'il avait eu la délicatesse d'al-

ler chercher lui-même à l'hospice
des Enfans-Trouvés. Les renseigne-
mens qu'on lui avait donnés sur la
naissance de la jeune Duteil avaient
été très-satisfaisans. Il paraissait certain qu'elle appartenait à une puis-
sante famille, qui la réclamerait sans
doute un jour. Il raconta tout cela à
sa jeune future, et il ajouta :

— Croyez bien, mademoiselle Sophie, que ce n'est point cette dernière considération qui m'engage à
mettre à vos pieds mes vœux et ma
fortune; c'est votre beauté, vos attraits qui ont subjugué toutes mes
facultés ; ce sont vos vertus qui ont
excité mon admiration et ma véné-
ration. C'est votre personne seule

enfin que je désire, et qui m'honore
infiniment, en daignant accepter le
titre que je lui donne aujourd'hui.

Sophie, embarrassée, balbutia quelques phrases incohérentes ; il ne lui
donnait pas le temps de s'expliquer
nettement, et elle de son côté ne
savait de quelle expression se servir
pour lui faire connaître toute sa pensée. Pendant qu'elle voulait encore
lutter contre cette alliance, arriva
le notaire, à qui M. Néville avait
expliqué les clauses du contrat de
mariage, pour faire signer ce premier acte de la dépendance de
Sophie.

Dans ce même instant, arrivèrent
plusieurs parens de M. Néville, qui

vinrent complimenter la future.
Toutes ces circonstances inattendues
intimidèrent la pauvre Sophie, et le
refus qu'elle avait tant résolu de
prononcer expira sur ses lèvres. Elle
n'osa exprimer aucun sentiment
contraire aux désirs de M. Néville,
quand le notaire lui présenta son
acte à signer, et machinalement
elle apposa son nom en pensant
qu'avant de terminer cette affaire
importante il lui restait encore assez
de temps pour s'expliquer avec lui.

Il en fut de même pendant le faible espace de temps qui s'écoula pour
la publication de leur hymen; il y
avait toujours des entraves qui l'empêchaient de se livrer aux confidences

qu'elle voulait lui faire. Pour surcroît
de contrariété, il était si aimable auprès d'elle, si empressé d'aller au-
devant de toutes ses volontés, que la
pauvre Sophie ne put pas trouver un
instant propice, et elle alla devant
l'autorité municipale prononcer le
fatal engagement, toujours dans les
mêmes dispositions et toujours sans
pouvoir trouver un moment favorable pour lui dire ce que son cœur
semblait lui suggérer, et même sans
pouvoir trouver l'occasion d'avoir
avec madame des Retours un en-
tretien secret pour l'aider à vain-
cre son extrême timidité et à faire à
M. Néville cette révélation, importante à sa conscience et à sa tranquil-

lité, afin d'amener une rupture qui
lui paraissait indispensable.

Il avait été convenu qu'aussitôt
que les formalités d'usage auraient
été remplies à la municipalité, on
partirait pour la campagne de monsieur Néville, située près de Versailles,
afin de se débarrasser des importuns,
qui sont toujours en grand nombre
dans les familles, lorsqu'il s'agit
d'une cérémonie d'apparat; le nouveau marié voulait jouir de la pléni-
tude de son bonheur pendant la lune
de miel.

Madame des Retours et la belle
Sophie étaient restées seules dans le
salon : elles attendaient, avec M. Néville, l'instant du départ que les pré-

paratifs des domestiques faisaient retarder ; aussitôt les yeux de Sophie se remplissent de larmes : elle veut cacher l'effet de son attendrissement, qui avait été excité par le nom sans cesse répété de madame Néville, qu'avec raison tout le monde lui donnait; elle crut encore pouvoir dérober à son époux les larmes qui ruisselaient malgré elle le long de ses joues , et elle se cacha la figure de ses mains. M. Néville, rempli d'attention, et dont l'amour empressé allait au-devant de tous ses désirs, s'aperçut aussitôt de cette profonde douleur.

— Pourquoi, ma chère Sophie , lui dit-il, vous livrer ainsi à la tristesse ? Pourquoi troubler mon

bonheur par de pénibles réflexions,
lorsque je suis sur le point de le saisir
pour toujours ?

—Ah! monsieur, si vous saviez
combien je suis malheureuse! si vous
pouviez deviner tout ce que j'ai encore
à vous dire!

— Mais tout a été répété, discuté
entre nous, jusqu'à présent, ma
chère amie, et nous n'avons plus
qu'à nous livrer au plaisir qu'auto-
rise un lien que j'adore. Serait-ce
parce que notre mariage n'a pas été
sanctionné pas la bénédiction d'un
prêtre? mais vous le savez, aujour-
d'hui c'est une chose impossible; ils
sont tous proscrits, on ne pourrait

en trouver un seul pour nous donner sa bénédiction.

— Oh! non, monsieur, ce n'est point cela, c'est un événement bien plus terrible, et qu'il faut que vous sachiez, même avant notre départ.

Madame des Retours, qui préjugea tout de suite qu'une explication qu'elle voulait éviter allait produire une scène très-orageuse, s'approcha de Sophie, et l'embrassa avec force, en lui disant :

— Ma chère amie, je ne sais trop ce que vous voulez dire, mais il est bien certain que rien ne peut obscurcir un si beau jour, et votre âme doit se livrer tout entière au bonheur.

— Je ne puis résister, madame, aux remords qui m'accablent, à tout ce que mon cœur me reproche d'humiliant et de terrible, et la foudre dût-elle tomber sur ma tête, je ne livrerai point ma personne à un époux que j'estime, sans lui découvrir l'épouvantable événement qui m'a rendue la plus malheureuse, et peut-être la plus méprisable de toutes les créatures.

M. Néville était à côté d'elle ; il tenait une de ses mains, qu'il pressait contre ses lèvres ; aussitôt il l'abandonne avec effroi, en s'écriant :

—Vous me faites frémir, madame; achevéz... ; que faut-il encore que j'apprenne?

— Sachez, monsieur, que des scélérats,... des... il n'est point d'expression qui puisse en donner une juste définition...; des brigands ont assouvi sur moi leur frénésie,... leur passion révoltante...

— Comment, madame, c'est à votre époux...

— Vous ne l'êtes point encore, monsieur, et je rougirais bien davantage si je vous avais laissé ignorer les horreurs qui se sont passées à mon égard...

— Mais enfin, daignez me dire,... madame...

— Oui, monsieur; des hommes qui ont payé de leurs têtes sur l'échafaud les crimes affreux qu'ils ont

commis, des Robespierre,... des Fou-
Fouquier - Tinville ,... le bourreau
même,... dans leur épouvantable dé-
lire,... ont consommé sur moi le
crime le plus atroce.

— Et c'est aujourd'hui que vous
m'en faites la confidence, madame?

— Songez , monsieur, dit madame
des Retours , qu'elle était évanouie,
et que son âme est aussi pure, aussi
vierge que celles des vestales qui font
vœu de chasteté, et que...

— Eh quoi, madame, vous osez
me dire...? Non, madame , jamais...,
jamais une telle misérable ne sera
mon épouse!!

Et M. Néville se promenait à grands
pas dans l'appartement.

— Rendez plus de justice à sa délicatesse, continuait madame des Retours ; elle n'est point coupable ; elle
a succombé à la force.

— N'importe, madame,... je vous
le répète, jamais ,... non, madame,
jamais les restes de tels monstres ne
seront mon partage. Jamais...

— Arrêtez, monsieur, s'écria Sophie, dont les larmes s'étaient subitement taries, je ne réclame ni pardon, ni pitié ; votre dernière expression me rend toute mon innocence
et toute ma dignité. Je suis assez
fière, monsieur, pour vous dire maintenant que je ne rougis de rien ; personne ne peut prévoir la chute d'un
rocher qui doit l'écraser...

— Ne cherchez point, madame, à vous justifier...

— Me justifier ?... monsieur.

— Non, madame ; votre situatio n vous rend trop méprisable à mes yeux pour...

— C'en est trop, monsieur, dit Sophie en se levant et en arrachant sa couronne virginale et le bouquet qu'elle avait encore à son sein ; je pouvais souffrir quelques pénibles ré-flexions, que cependant je n'ai jamais méritées ; mais je ne souffrirai ni insultes, ni humiliations. Allez, monsieur, continua-t-elle en jetant aux pieds de M. Néville les fleurs qu'elle tenait dans sa main, si les lois vous donnent le droit de sévir contre moi , il n'y a aucune puissance sur la terre, tant que je jouirai de mes facultés , qui puisse me forcer à vous suivre ; je saurai m'affranchir de vos poursuites, s'il vous prenait quelque envie d'en faire.

En terminant ces mots , Sophie traverse avec fierté le salon, passe au milieu d'une demi-douzaine de domestiques , qui venaient annoncer que tout était prêt pour partir, et sort tranquillement de l'appartement , pendant que M. Néville continuait de se promener avec précipitation. Madame des Retours court aussitôt après elle.

— Ma chère et malheureuse amie, s'écria cette dernière , je vous en sup-

plie, ne nous quittez pas ainsi, ou
bien permettez-moi de vous suivre.

— Adieu, madame, dit froidement Sophie en s'arrêtant à la porte
du salon, dispensez-vous désormais
de vous inquiéter de mon sort en aucune manière; j'ai lieu d'espérer que
vous n'entendrez jamais parler de
moi. Adieu, et adieu pour toujours.

●●

CHAPITRE XIII.

DIVORCE.

Pour voir la timide innocence,
Contre les attentats de l'injuste puissance
Elever vainement une plaintive voix,
Est-il besoin d'aller au fond des bois?

Jauffret.

Le bon sens n'exige pas un jugement bien
profond ; il semble consister plutôt à en
apercevoir les objets, que dans la propor-
tion exacte qu'ils ont avec notre nature ou
avec notre condition.

Vauvenargues.

— Ah ! monsieur, dit madame des
Retours, permettez que je vous

quitte. Il faut que je suive cette infortunée.

— Comme il vous plaira, madame; mais je vous assure que je n'en
vois pas du tout la nécessité.

— Non, monsieur, je ne la laisse-
rai point seule. N'est-elle pas expo-
sée à se laisser entraîner à son désespoir?

— Que m'importe ce que peut devenir cette femme méprisable? dois-
je m'occuper d'elle et de ce qui peut
lui arriver, lorsqu'elle me rend le
plus malheureux des hommes?

— N'est-elle pas votre épouse? Les
lois ne vous obligent-elles pas à la
prendre sous votre protection?

— Mon épouse ? non , non , jamais ! Jamais elle ne portera mon
nom... Eh quoi! mon épouse aurait
été la misérable créature qui aurait
servi à satisfaire les désirs effrénés de
semblables scélérats! Cette idée seule
me fait frissonner!!

— Vous ne faites pas attention ,
monsieur Néville, que ce n'est qu'à
son extrême délicatesse que vous devez une telle révélation. Ne pouvait-
elle pas se dispenser de vous en faire
l'aveu, et éviter une scène et une rupture qui va la rendre à jamais malheureuse et vous aussi? Pouvez-vous
enfin lui faire un reproche de cet excès de vertu, lorsque son âme pure
et sans tache, cédant au remords

qui la poursuivait, à sa conscience,
qui ne lui laissait pas un instant de
repos, elle vous déclare un événement qui lui fait horreur et qui a été
commis lorsque toutes ses volontés,
toutes ses facultés ne pouvaient l'empêcher?

— Et que signifie pour moi sa volonté? Ne porte-t-elle pas avec elle la
flétrissure la plus coupable?

— Ah! monsieur, que vous êtes injuste!

— Pourquoi, d'ailleurs, attendre
à l'instant même, à ce dernier moment, qui rendait tous mes désirs légitimes, et qui favorisait cet
amour qu'elle m'avait inspiré, cette

passion qui s'est changée en un mépris le plus profond, pour me faire un semblable récit?

— Je dois la défendre et la justifier dans une accusation qui porte l'empreinte de la plus grande iniquité. Vous avez, monsieur, tellement précipité ces préliminaires d'établissement, tous ces préparatifs d'hyménée, que vous ne lui avez point donné le temps de respirer, et encore moins de vous donner la plus petite explication sur sa personne. Vous avez élagué toutes les difficultés; vous avez été au-devant de tout ce qu'elle voulait vous objecter; vous n'avez rien voulu entendre, malgré tout ce qu'elle voulait opposer à vos pressans désirs, et vous lui faites aujourd'hui un crime inouï de ce que son cœur vertueux n'a point voulu vous laisser ignorer une fatale circonstance, sur laquelle la sagesse d'un homme ne doit point s'appesantir.

— Comment! vous osez, sans rougir, me dérouler une semblable morale? Sachez, madame, que jamais une femme avilie à mes yeux, n'importe par quel concours de circonstances, ne sera mon épouse!

— Mais elle l'est, votre épouse.

— Non, madame, elle ne l'est pas; et, je vous le répéterai éternellement, jamais elle ne le sera.

— Mais n'est-elle pas autorisée à porter votre nom ?

— Ce malheur ne m'arrivera pas, car dès ce moment je saurai y mettre bon ordre.

— Et comment, s'il vous plaît ?

— Par le divorce.

— Comment, monsieur ! aujourd'hui même, le jour de la célébration de votre mariage, vous oseriez invoquer une loi si injuste et qui fait honte à notre législation comme à nos nouvelles institutions; une loi que la morale repousse et que la religion défend ?

— Eh! que m'importe ce galimatias, qu'un seul mot va détruire ?

Je veux ma liberté, et je l'obtiendrai.

—Vous n'oserez pas, monsieur Néville, vous présenter à l'autorité pour faire une semblable demande. N'envisagez-vous pas tout le ridicule qui nécessairement en retomberait sur vous ?

— Je le crains si peu que, aujourd'hui même, je vais faire ma demande.

— Mais aurez-vous son consentement ?

—Je m'en passerais si elle s'y refusait : il ne m'est pas nécessaire.

— Remettez-vous un peu, et ne vous laissez pas entraîner aux effets

d'une trop prompte irritation. Le repentir pourrait être la suite d'une
action si précipitée.

— Rien ne peut m'arrêter, et pour
vous le prouver, madame, je sors à
l'instant pour aller en faire la demande à l'autorité, qui ne peut se refuser de l'accueillir. Et quelque chose
qui arrive, je me vengerai d'une insulte semblable.

— Votre injuste prévention vous
fait considérer cela comme insulte;
vous.....

— Je ne vous empêche pas de regarder cela vous-même comme bon
vous semblera.

— Monsieur, je dois vous éclai-
rer..... je....

— Adieu !

Monsieur Néville ne la laissa point achever, il prit son chapeau, et sortit ; il monta dans une des voitures qui attendaient dans la cour, et qui devaient le conduire avec son épouse à la campagne, où devait commencer un bonheur qui lui paraissait aussi grand qu'incontestable.

Madame des Retours sortit également, et s'empressa de se rendre chez elle, où elle s'attendait à trouver madame Néville, qui allait redevenir mademoiselle Sophie Duteil. Elle fut très-étonnée de ne point la trouver. Elle le fut encore davantage, lorsque ses domestiques lui apprirent qu'elle n'avait point paru dans la maison depuis son départ pour la cérémonie

nuptiale. Madame des Retours, décon-
certée, courut d'abord chez madame
Henriot, sa marchande de modes,
où la jeune Duteil travaillait avant
d'être recueillie chez M. des Retours;
on ne put lui en donner aucune
nouvelle. L'inquiétude de cette dame
allait croissant, et elle ne savait plus à
quel saint se vouer pour découvrir ce
que la jeune mariée était devenue.
Elle fit enfin une dernière démarche à l'hospice des Enfans-Trouvés,
croyant que Sophie avait pu songer à
rentrer dans l'établissement où l'on
avait confié sa jeunesse et sa destinée, mais tout devint inutile; les
traces de cette jeune et intéressante
enfant paraissaient être perdues.

Madame des Retours fit encore

beaucoup d'autres recherches, mais
elles n'eurent aucun succès. Bien pé-
nétrée que rien ne saurait satisfaire
ses désirs empressés, elle se déter-
mina à retourner chez M. Néville, qui
n'était occupé que de la demande
en divorce qu'il venait de faire chez
le juge de paix, et qu'elle trouva à
se promener dans son appartement,
aussi agité, mais aussi résolu que
dans le moment où elle l'avait quitté.

—Vous me voyez désespérée, monsieur Néville, dit elle en se présentant
chez lui. Je ne puis rien découvrir sur
le sort de cette jeune infortunée que
vous avez traitée si cruellement : tout
me fait préjuger qu'elle aura volontairement mis fin à une existence que

vous, avez vous-même frappée du coup
de la mort.

— Je suis assuré qu'il n'en est rien,
madame, le désespoir, chez de semblables personnes, ne peut être que
factice, et jamais il ne la portera à
une telle extrémité; mais quand bien
même il en serait autrement, se fût-
elle rendu justice elle-même, en
échappant à ses remords, en terminant ses jours, ce que je ne crois pas,
je puis vous certifier que jamais le
repentir n'entrera dans mon cœur;
je sens qu'en la traitant ainsi, je n'ai
fait que mon devoir.

—Je vous admire vraiment dans
votre impassibilité ; et je ne puis con-

cevoir comment vous pouvez traiter avec tant de dureté un enfant
charmant, qui n'était guidé que par
son cœur vertueux et par une âme
pure...

— Nous voyons les choses fort différemment, madame; vous admirez
la vertu où je n'aperçois que le vice
et la corruption.

— Je vous en supplie une dernière
fois, ne vous laissez point emporter
à un jugement faux, dont les bases
sont aussi erronées.

— Et moi, madame, je vous en
prie pour la dernière fois, veuillez ne
jamais me parler de cette créature
dont le nom seul me fait horreur.

Cette dernière expression produisit un grand effet sur l'esprit de madame des Retours : elle fut presque réduite au silence. Cependant, elle chercha pendant quelques instans dans son imagination quelques idées plausibles ou convenantes pour ramener la conversation. M. Néville continuait à se promener à grands pas dans son appartement. Elle n'osait lui adresser un seul mot, lorsque lui-même, toujours agité, rompit le premier le silence.

— Il est un service que je vous prie de me rendre, madame : c'est de venir dans ces prétendues assemblées de famille ordonnées par la loi ; il est nécessaire qu'il se présente quelqu'un pour plaider en faveur de la personne absente, et puisque vous voulez sans cesse justifier votre amie, impardonnable à mes yeux, dans son affreuse conduite, vous pourrez donner un libre cours à votre défense : ce qui n'empêchera pas, ainsi que je le pense, que notre divorce ne soit prononcé bientôt.

— C'est aller au-devant de mes désirs les plus empressés, que de me donner une occasion où je pourrai librement, et devant l'autorité, manifester ma pensée à l'égard de ma Sophie ; il me serait si agréable et même si nécessaire à ma conscience de lui être utile ! Mais en même temps, ne serait-il pas possible d'obtenir de vous, monsieur Néville, et c'est un grand service que je vous prierai de me rendre, que vous m'aidassiez à découvrir sa retraite, ou enfin ce que cette chère enfant peut être devenue? cela ne vous empêcherait pas de vous livrer à cette procédure que vous avez commencée contre une victime qui mérite si peu de si outrageantes tribulations ; mais au moins son sort ne nous resterait point inconnu.

— Assurément vous vous êtes trompée d'une manière étrange, en pensant que je serais assez sot pour m'occuper d'une femme semblable. Si vous avez compté là-dessus, vous pouvez rayer cela de vos tablettes. Je vous le répète , madame , sa destinée ne peut m'importer en rien.

— Non , je n'ai jamais vu une tenacité de cette nature, un entêtement semblable. Ah! monsieur Néville, j'avais jugé bien différemment de votre aimable caractère.

— Veuillez ne point chercher à me faire prendre le change en excitant une sensibilité qui serait très-mal placée , par des complimens qu'il vous plaît de m'adresser. Vous pouvez être assurée que tous vos efforts ne produiront pas le moindre effet. Mes déterminations sont maintenant fixées , et rien, jamais rien, ne pourrait les faire changer.

Lorsque madame des Rétours vit

que M. Néville était si prononcé et
si ferme dans ses résolutions , qui
n'étaient que le résultat de la plus
injuste prévention ,. elle ne chercha
plus , par des supplications inutiles , à
le faire changer d'avis , et encore
moins à le faire revenir à des sentimens plus modérés ; car elle voyait
que c'était se frapper la tête contre un
rocher; elle sortit de chez M. Néville,
en conservant l'espérance de retrou-
ver son amie , et bien déterminée à
ne faire partager ses démarches à
personne.

Plusieurs mois se passèrent en recherches inutiles de la part de madame des Retours : le plus profond
mystère semblait avoir présidé à la
disparition de mademoiselle Sophie

Duteil. On ne put pas obtenir la moindre notion sur cette jeune personne. Pendant ce temps son mari poursuivait avec un zèle infatigable la dissolution de ses engagemens matrimoniaux avec elle. Le divorce fut enfin prononcé, et comme elle n'y avait pas pris la moindre part, puisque l'on doutait même de son existence, l'arrêt qui rendait la liberté à M. Néville lui fut signifié au parquet de l'accusateur public.

Pendant le cours de cette malheureuse procédure, madame des Retours ne cessa d'avoir des communications avec M. Néville, non pas intimes, comme on voudrait l'entendre, mais pour manifester les tendres sentimens d'amour que ce jeune homme

avait inspirés à la veuve, même avant
son mariage avec la malheureuse Sophie. Ces premières impressions d'une
tendresse particulière ne firent que
s'accroître, et prirent une consistance
beaucoup plus forte dans le cœur de
l'ancienne déesse de la Liberté,
depuis la rupture de Néville avec
son épouse. Elle le voyait chaque
jour avec un nouveau plaisir, et
dans les fréquentes visites qu'elle lui
rendait, elle n'était guidée que par
cette passion naissante qui semblait
être pour elle le bonheur. Elle ne
cherchait plus à rappeler à M. Néville
des antécédens qui pouvaient se rap-
porter à Sophie, ni à prendre avec
tant d'ardeur les intérêts de cette amie
dont elle n'avait eu aucune nouvelle,

et dont elle cherchait à dissiper le
souvenir et toutes les agréables inti-
mités qu'elle avait eues avec elle. Elle
ne plaidait que sa propre cause : elle
ne parlait plus que de son attachement et de son amour.

M. Néville était au contraire assez
froid avec madame des Retours ; il
ressentait malgré lui l'amour que les
attraits de mademoiselle Sophie
avaient fait pénétrer dans son cœur.
Tout ce qui l'entourait, tout ce qui
se présentait devant lui, ne lui paraissait que monotone, insipide même, et il ne conservait ses relations
avec madame des Retours que parce
qu'il lui semblait qu'il ne pouvait
faire autrement ; mais ces relations ne

paraissaient dirigées par aucun sentiment particulier.

Ainsi que l'on a pu s'en convain-
cre, l'éducation M. Néville avait été
manquée : il ne possédait point ces
principes d'urbanité et de sociabilité
qui distinguent l'homme élevé dans
les salons de la capitale , et qui font
voir avec une philosophie éclairée tous
les événemens de la vie : le mariage
ne lui offrait qu'une circonstance à
laquelle il attachait le plus grand prix:
et si cette illusion était dissipée dans
son imagination, quel qu'en fût le
motif, il ne pouvait considérer une
femme qu'avec la plus grande indifférence, lorsque le fond de sa pensée
n'était pas le mépris.

Madame des Retours était encore, malgré ce qu'elle avait déjà éprouvé, dans tout l'éclat de la jeunesse et de la beauté. Il fallait joindre à ces avantages qu'elle ne devait qu'à la nature le désir de plaire fortement prononcé; cet ensemble la rendait beaucoup plus aimable et plus intéresssante encore.

Malgré les subterfuges qui lui étaient suggérés par une artificieuse coquetterie, M. Néville ne paraissait pas avoir pour elle la plus faible étincelle d'amour. D'un autre côté, à ces préjugés qui n'auraient jamais dû effleurer le cœur d'un galant homme, dont M. Néville paraissait être rempli, et qui formaient la base de son caractère, il fallait joindre un défaut fort essentiel ; c'était celui d'aimer l'argent, ou du moins de calculer toutes ses dépenses, afin qu'aucune ne fût faite inconsidérément. Ses parens lui avaient laissé une fortune indépendante et assez belle pour satisfaire tous les désirs d'un jeune homme qui n'aurait nullement été enclin à se laisser entraîner à quelque passion funeste, fortune suffisante pour le faire briller dans la société et y jouer un rôle important; malgré cette position florissante, M. Néville était loin de dépenser tous ses revenus ; il n'osait se livrer à la fréquentation du grand monde, dans la crainte que son budget, qu'il avait grand soin de faire régulièrement chaque mois, ne lui offrît un déficit désagréable et peu conforme à ses habitudes.

Lorsque M. Néville s'était laissé entraîner par un magique pouvoir à épouser mademoiselle Sophie Duteil, qui ne lui apportait en dot qu'un grand fonds de beauté et de sagesse, il avait été gouverné et guidé par son amour et par la certitude qu'il avait, d'après des remarques faites avec exactitude, que ni les goûts, ni le caractère de son épouse, ne pouvaient le précipiter dans de trop grandes dépenses, et que ses moyens pouvaient largement suffire à tout ce qui pouvait être nécessaire pour la rendre heureuse. Il pensait même qu'il pouvait lui être très-facile de faire des économies en res-

tant, ainsi qu'il l'avait toujours pro-
jeté, une grande partie de l'année à
la campagne. Tout ce brillant écha-
faudage de satisfaction et de bonheur avait été détruit par une fatale
révélation que la vertueuse Sophie
avait cru devoir faire, avant de livrer
entièrement sa personne au pouvoir
de son époux.

⬥◗◗◗⬥◗●◗◗●◗⬥◗◗◗◗◗⬥◗◗⬥⬥◗◗◗◗◗◗⬥◗●◗◗◗◗◗◗⬥◗●◗◗◗⬥◗◗◗

CHAPITRE XIV.

LIENS NOUVEAUX.

L'injustice, à la fin, produit l'indépendance.

Voltaire.

Monsieur Néville ne soupçonnait nullement que madame des Retours fût dans une situation de fortune prospère : il ne savait pas qu'elle possédait des revenus assez importans et capables d'augmenter ceux de l'époux que de nouveau elle avait l'intention de choisir. L'origine de cette femme lui était inconnue, il était seulement.

parvenu à sa connaissance qu'elle
avait tout perdu à la mort de son
époux, puisque c'était lui-même qui
l'avait dépouillée conjointement avec
les autres membres de sa famille. Il
supposait donc qu'elle ne devait la
position aisée dans laquelle elle se
trouvait qu'à des moyens provenant
de son patrimoine. De son côté, madame des Retours avait toujours
voulu paraître extrêmement simple,
extrêmement modeste, parce qu'elle
avait jugé que c'était la voie la plus
sûre pour parvenir jusqu'à son cœur.
La passion qui l'entraînait irrésistiblement vers ce jeune homme lui
faisait tout calculer et tout mettre
en usage pour aller au but qu'elle
s'était proposé. Elle avait éloigné

toute espèce de détail, toute explication, lorsqu'il avait été question de
ses moyens pécuniaires.

M. Néville était un jour avec elle,
car il s'était fait une douce habitude
de souvent la visiter, ce qui ajoutait
encore au bonheur qu'elle éprouvait
de le voir, car elle employait tout ce
qui pouvait être en sa possibilité pour
l'attirer chez elle. Sans faire beaucoup
attention à la conversation, froidement il se promenait et il lui parlait
indifféremment sur les affaires du
temps, lorsqu'on annonça à madame
des Retours que son notaire était là
et qu'il demandait à lui parler.

— Je vais me retirer, dit M. Néville, je ne voudrais point que ma

présence vous fût importune, surtout lorsqu'il s'agit de parler d'affaires.

— Je ne crois pas, dit-elle, que mon notaire ait des choses fort importantes à me communiquer, et d'ailleurs je ne veux jamais avoir rien de caché pour vous. Je vous prie de rester.

— Il s'agit, dit le notaire après les complimens d'usage, du terrain assez considérable qui est attenant au jardin de votre hôtel du faubourg Saint-Honoré ; il se trouve plusieurs personnes qui voudraient en acquérir la propriété.

—Je ne demande pas mieux que de le vendre, dit-elle, d'autant plus que ce terrain ne me donne ni agrément, ni revenu ; et qu'il m'est parfaitement inutile.

— On veut y construire divers bâ-timens, soit pour des fabriques ou des manufactures, mais on ne vou-drait pas acheter l'hôtel.

— Tout cela me convient très-bien, il n'y a qu'une seule condition que je mets à la vente, c'est que le paiement se fasse en numéraire ; après cela, que ce soit à terme ou au comptant, je n'y attache aucune importance.

— Les propositions que l'on vous fait, madame, sont très-belles : on vous offre pour ce terrain plus du double de ce que le tout vous a coûté ; on paiera comptant et en numéraire.

— Cela me convient, monsieur,

et vous pouvez en rédiger l'acte, que je signerai quand bon semblera. Il faut seulement avoir soin de me trouver le placement de ces fonds-là, car je veux qu'ils soient plus productifs que mon terrain.

— J'aurai soin de remplir vos ordres, madame, et de revenir demain pour vous présenter l'acte qui sera rédigé ; ensuite je m'occuperai de placer vos fonds, ce que je ne peux manquer de faire très-avantageusement.

Le notaire quitta madame des Retours pour s'occuper de cette vente, et la laissa de nouveau tête à tête avec M. Néville.

— J'étais loin de m'imaginer, ma-

dáme , dit M. Néville, en revenant de
la première surprise que lui avait
causée cette courte conversation, que
vous fussiez une grande propriétaire.
Il paraît que votre hôtel est un objet
assez considérable.

— Non, monsieur, mais j'ai ma
campagne qui me rapporte le double
des revenus de mon hôtel.

— Comment! vous avez une campagne ?

— Sans doute, auprès de Versailles, et qui est d'une belle production.
Il est seulement fort désagréable que
ces deux propriétés soient des domaines nationaux.

— Il y a long-temps que vous en
avez fait l'acquisition ?

— Quelque temps après la mort de mon époux : j'avais touché diverses sommes en assignats qui me revenaient de ma famille; je les ai employées aussitôt dans la crainte de tout perdre en les gardant en portefeuille.

— Mais comment, madame ! c'est avoir une prudence bien rare à votre âge ! Et quelles sont à peu près les sommes que vous tirez annuellement de ces deux immeubles ?

— Une vingtaine de mille livres environ, que je reçois toujours en attendant que le premier propriétaire vienne peut-être me les disputer; car la saine raison semble me dire que ces domaines, vendus si injustement,

ne doivent pas être éternellement
la proie de ceux qui s'en sont em-
parés.

— Cette question politique d'une
haute importance ne doit point nous
occuper dans ce moment. Je vous assure que je voudrais bien avoir des
moyens pécuniaires pour m'en procurer , je n'hésiterais pas un instant de
faire autant d'acquisitions qu'il me serait possible d'en faire; et je croirais,
ainsi que je le soutiendrais au besoin,
que j'en serais le seul et vrai propriétaire.

—Si vous avez cette conviction, dit
madame des Retours, en le regardant avec une expression où la plus
vive tendresse était peinte , il vous est

bien facile de vous rendre le sei-
gneur et maître de ceux qui m'appartiennent.

— Encore faudrait-il, madame,
avoir la faculté de vous les payer, et
bien certainement je ne risquerais
pas mon patrimoine pour le placer,
quelque avantageuses qu'elles pussent
être, sur des propriétés dont la solidité
aujourd'hui est encore un problème
qui est bien loin d'être résolu.

— Je ne sais, monsieur Néville, si
je ne possède pas le talent de vous
faire deviner ma pensée tout entière,
ou si vous feignez de ne pas en saisir le sens. Ce n'est point avec de
l'argent que vous vous rendriez maître de ce que je possède; il fau-

drait seulement que vous fussiez im-
pressionné d'une faible partie de
tous les sentimens que je ressens;
que vous ayez une juste idée des
vœux que je forme , pour vous faire
apprécier que l'amour seul est capa-
ble de me faire tenir un langage semblable.

Tout en parlant ainsi, madame
des Retours sentit qu'elle avait passé
les bornes que devaient lui dicter la
modestie et la décence. La rougeur
de la honte qui subitement couvri-
rent son visage, firent connaître à
M. Néville qu'elle avait été entraînée
malgré elle à la manifestation d'une
pensée qu'elle voulait encore cacher.
Il comprit enfin ce que madame des
Retours voulait lui communiquer.

— Ah , madame, dit-il, pourquoi cette Sophie que je ne puis faire disparaître de mon cœur, ni de ma pensée, s'est - elle montrée si attrayante et en même temps si malheureuse et si vile? Si je ne l'avais jamais vue..... sans doute que mes affections.....

— Eh, qui vous parle de Sophie, monsieur? Ne l'avez-vous pas rejetée de votre sein lorsqu'elle était votre épouse? Ne l'avez-vous pas chassée de chez vous, lorsqu'elle venait de jurer devant la loi que jamais elle ne serait qu'à vous? Maintenant qu'elle ne vous est plus rien et que sa destinée nous est absolument inconnue, pourquoi rappeler son souvenir dans ce moment funeste?

— Je n'ai pas cru vous offenser, madame, en vous parlant d'une personne que vous-même vous m'avez présentée, et qui emporte avec elle des sentimens que je voudrais ne jamais avoir ressentis.

— Vous me faites beaucoup de mal, monsieur, et je ne crois pas avoir mérité ce que vous me dites, surtout dans un moment où mon âme expansive vous montrait toute la passion que je peux avoir pour vous. Daignez, monsieur, pour me remettre un peu de la forte émotion que vous me faites éprouver, daignez me laisser seule ; j'ai, je puis vous l'assurer, j'ai bien besoin de repos, pour me livrer à mes réflexions.

— Vous me permettrez au moins,
madame, de me présenter chez vous
pour connaître l'état de votre santé
et en même temps.....

— Toutes les fois que cela pourra
vous être agréable. Adieu, monsieur.

Monsieur Néville sortit en montrant
la même froideur dont il avait été
pénétré pendant tout le temps de
cette conversation et sans proférer
une autre parole.

Non, je ne puis rien concevoir, ni
à notre organisation ni à notre faiblesse, s'écria madame des Retours,
lorsqu'elle fut livrée à elle-même ;
plus cet homme abominable me mon-
tre d'indifférence et même de mépris,
et plus je sens que je l'adore !! Il me

semble que je sacrifierais tout jusqu'à l'existence même, pour obtenir
un seul regard favorable d'un ingrat
tel que lui. Je suis bien heureuse encore de ce qu'il ne soupçonne pas à
quel degré, effrayant pour moi,
mon cœur et toutes mes facultés
aimantes lui appartiennent exclusive-
ment.

M. Néville, en sortant de chez madame des Retours, ne pouvait s'empêcher de repasser dans son imagination tout ce qui s'était passé entre
eux. Ces vingt mille livres de rente,
assurées sur des propriétés hypothé-
caires, revenaient sans cesse à sa
mémoire, et bien qu'il trouvât qu'il
y avait une grande différence entre

les charmans attraits de Sophie Duteil et la beauté de madame des Retours, il lui semblait, depuis cette
dernière conversation, que la jeune
veuve était beaucoup mieux qu'il ne
l'avait d'abord envisagée, et qu'elle
était presque aussi fraîche, aussi jolie, que celle qui avait été son épouse,
de nom seulement, pendant l'espace
de quelques mois.

Le lendemain, il parut un peu plus
empressé à se rendre chez sa dame
aux vingt mille livres de rente, expres-
sions qui sonnaient si agréablement
à son oreille; il s'informa avec un
intérêt marqué comment elle avait
passé la nuit, et si sa santé n'était point
altérée.

— Si le moral n'était poi nt a
lui dit madame des Retours, je n'aurais d'autres désirs à former que ceux
d'être toujours aussi heureuse que je
le suis en cet instant, mais mon
cœur m'avertit qu'il est impossible
que cet état soit de longue durée.
D'après ce que je vous ai dit hier, je
ne puis plus me faire illusion maintenant auprès de vous : ou il faut que
vous ayez la complaisance de rompre totalement avec moi, et de cesser
vos visites dans cette maison ; ou il
faut que vos intentions, en continuant
de communiquer ainsi que nous l'a-
vons fait jusqu'à présent, aient une
base légitime et positive, afin que je
puisse livrer mon âme à l'espérance
de porter le titre de votre épouse.

Dans le premier cas , je n'ai plus rien à attendre de vous ni de personne ; et comme il faut que chaque individu sur la terre paie son tribut à la pauvre humanité, il m'est bien facile de pressentir aujourd'hui que ma dette sera bientôt acquittée. Dans la seconde hypothèse, je vous en ai déjà trop dit, pour qu'une pruderie grimacière vienne désormais vous faire interpréter une autre pensée que celle qui m'agite et qui existe réellement au fond de mon cœur. C'est vous dire clairement que je vous aime , et peut-être beaucoup plus que vous ne pouvez l'imaginer, car je ne pense pas que dans cet instant vous puissiez être dans le cas de le préjuger.

— Vous allez peut-être trop loin

dans l'interprétation que vous faites des sentimens que j'éprouve.

— Il est un moyen bien simple de me les faire justement apprécier : vous êtes libre maintenant, monsieur Néville ?

— Sans aller plus loin, madame, daignez m'écouter. Vous savez où m'a conduit la trop grande précipitation que j'ai mise à contracter ces premiers engagemens qui ont eu lieu sous vos auspices : vous devez penser que je serais désespéré pour vous comme pour moi, si une semblable inconséquence allait encore présider à une nouvelle alliance que je voudrais former.

— Toute réponse méticuleuse ne
saurait me convenir, mon cher monsieur Néville; et c'est en vain que
vous suez à froid pour chercher des
raisons convaincantes ; d'après tout
ce que je vous ai dit hier, et ce que
je m'efforcerais à vous répéter avec
un nouveau plaisir , vous devez être
convaincu que je vous aime avec passion, et que toute lenteur dans la réponse que j'attends de vous me prou-
verait que vous êtes animé d'un sentiment contraire.

— Mais vous connaissez mal, madame, dans le fond de ma pensée.

— Je voudrais me tromper, monsieur, je serais bien heureuse! mais

je crois deviner juste. Il est une autre
question sérieuse qui, hier, n'a été
qu'effleurée et que je voudrais déve-
lopper aujourd'hui, c'est celle de ma
situation financière : il est bien certain que ma fortune étant jointe à la
vôtre, nous pouvons tenir un état de
maison qui doit nous faire briller
dans le monde ; et ne dépensant
même pas tous nos revenus, ainsi
que je le fais depuis long-temps, nous
pouvons encore jouir dans la société
d'une considération que nous ne de-
vrons à personne qu'à nous.

Eh bien, je vais vous donner
une preuve de mon entier dévoue-
ment pour tout ce qui peut aller au-
devant de vos désirs Quelle que
soit la destinée que le ciel me ré-

serve, j'ai une telle confiance en vous qu'en passant le contrat où seraient stipulées nos conventions matrimoniales, je vous fais une donation totale et irrévocable de mes propriétés.

— Madame, je ne demande point un tel sacrifice.

— Vous devez présumer, monsieur, qu'après vous avoir fait une proposition semblable, et qui prouve l'excès de mon amour pour vous, je ne dois plus rien ajouter.

— Eh! qui pourrait résister plus long-temps, ma chère madame des Retours, lorque votre amour se manifeste d'une manière si extraordinaire?

En même temps M. Néville saisit
une de ses mains, et il l'embrassait
avec beaucoup d'effusion ; c'était les
premières marques d'un tendre intérêt qu'il lui faisait apercevoir depuis
qu'il la fréquentait. Madame des Retours en fut tout émue. Ils restèrent
tous les deux pendant quelque temps
sans proférer une seule parole. Ce silence fut interrompu par l'arrivée du
notaire qui venait apporter la minute
à signer de la vente du terrain dont
il avait été question la veille. Madame
des Retours eut grand soin de se remettre aussitôt de son émotion, bien
qu'une aimable rougeur fût encore
répandue sur sa figure. Elle s'empressa d'aller au devant de lui.

—Vous arrivez fort à propos, monsieur, lui dit-elle avec un charmant sourire. Vous voudrez bien avoir la bonté de dresser un contrat de mariage entre M. Néville et moi; c'est M. Néville que voici, que j'ai l'honneur de vous présenter.

— Vous êtes d'accord, sans doute, madame, sur les clauses qui doivent être insérées dans le contrat dotal.

— Parfaitement, monsieur, dit M. Néville. Il doit être rédigé dans les formes ordinaires de communauté.

— Je n'entends rien à votre manière de rédiger les dispositions et les clauses. Je veux seulement que vous ayez soin de déclarer en des termes clairs et précis que je fais à mon époux une donation entière de mes propriétés.

— Donation entre-vifs, madame?

— Je ne connais rien à vos termes de chicane, monsieur; j'entends seulement que, par mon contrat de mariage, je donne irrévocablement à mon époux toutes les propriétés que je possède, et même celles que je posséderai pendant le cours de mon mariage avec lui.

— Ceci détruit la communauté, madame.

— Mon Dieu, je vous le répète encore, je n'entends rien à votre stipulation ; arrangez cela comme bon vous semblera ; mais telles sont mes intentions.

— Je m'y conformerai , madame.

— Madame, dit M. Néville, je m'oppose à cette donation exclusive ; on doit rédiger : donation réciproque.

— Je vous prie , monsieur, dit madame des Retours en s'adressant au notaire , veuillez suivre les ordres que je vous donne , et faites exactement tout ce que je vous ai expliqué. Vous aurez soin seulement de nous apporter cet acte aussitôt qu'il sera fait suivant mes intentions. Plus tard , monsieur, nous déciderons quelle sera la destination des fonds que vous allez recevoir, en vertu de la vente du terrain , que je viens de signer. Nous tâcherons de les employer avantageusement.

Le notaire sortit avec ses instruc-
tions, en laissant les deux futurs
époux se livrer aux préparatifs d'un
hyménée qui paraissait être pour la
jeune veuve le plus haut degré du
bonheur.

M. Néville avait manifesté l'intention de refuser cette donation que lui
faisait avec tant de générosité madame des Retours, qui n'écoutait
dans cette action que la passion qui
l'entraînait. Il est bien certain, cependant, que la proposition qu'elle
avait faite d'un semblable sacrifice
avait élagué beaucoup de difficultés,
pour déterminer ce jeune homme.
Cette femme avait un talent particulier pour saisir le faible des personnes avec qui elle pouvait avoir

quelques relations ; le caractère in-
téressé de son amant ne lui avait
point échappé, et dès qu'elle en eut
la certitude, elle ne chercha que
l'occasion d'aller au-devant de ses
désirs, pour le flatter dans ses pen-
chans les plus chers, et se rendre,
par cette astucieuse conduite ou ce
désintéressement calculé, l'arbitre
de la destinée de cet homme qu'elle
adorait.

M. Néville avait mis le plus grand
empressement dans les dispositions
qu'il fallait faire pour la cérémonie
de son premier mariage, qui avait
eu un si triste résultat. Ici son rôle
était absolument changé. C'était madame des Retours qui s'était chargée de faire les démarches nécessai-

res ; et rien ne lui coûtait pour parvenir le plus promptement possible
au but qu'elle se proposait. Pour ne
point laisser faire de dépenses à son
amant, afin de le surprendre agréablement, ce fut elle encore qui fit
les avances qu'il fallait pour les colifichets et bijouteries d'usage ; peu de
jours suffirent pour tout préparer, afin
que le jour tant désiré fût pour les
nouveaux époux le plus beau jour de
la vie.'

Le futur époux ne s'occupait de
rien , il semblait être transporté dans
un pays de prestiges, la jeune veuve,
au comble de ses désirs, ne le laissait pas respirer un instant : elle le

conduisait de surprises en surprises.
Il ne lui était pas encore possible de
décider s'il l'aimait, mais tout ce
qu'elle faisait pour lui lui paraissait si
recherché et si délicat qu'insensible-
ment il se laissait entraîner sans trop
se rendre raison des sentimens qui
l'animaient.

Enfin arriva le jour, si ardemment
désiré par madame des Retours, où
elle devait pour toujours quitter un
nom qu'elle avait quelque répugnance
de porter. Les deux futurs avaient
invité très-peu de personnes pour
cette fête solennelle : madame des
Retours voulait que sa famille restât
ignorée ; il ne lui restait donc que

quelques amies qu'elle voyàit rare-
ment ; quant à M. Néville, il fréquentait peu de monde, autant par
originalité que par économie ; il n'y
eut donc que sept ou huit personnes
qui furent présentes à leur union à
la maison commune.

Ainsi qu'au premier mariage de
M. Néville, on fut obligé de se passer
de toute espèce de célébration reli-
gieuse. La grande difficulté de se procurer des prêtres, même assermentés,
fut cause que l'on passa lestement
sur toute autre formalité que celle qui
était indispensable, c'est-à-dire de
se présenter par devant l'officier public. Les gens du grand ton de cette

époque étaient convaincus qu'il n'é-
tait pas nécessaire de prendre Dieu à
témoin lorsque l'on prononçait le
serment de fidélité conjugale.

On venait de signer le registre sur
lequel étaient inscrits tous les actes de
mariage. Pendant que les témoins y
apposaient également leurs signa-
tures, M. et madame Néville se re-
tournent et se disposent à sortir,
n'ayant plus rien à faire ; ils se trou-
vent en face d'un autre couple d'a-
mans qui se présentait devant l'autorité pour la même cérémonie. Après
avoir été un instant à se regarder
les uns et les autres dans le plus
grand étonnement, on se disposait

à s'adresser la parole , lorsque madame Néville bientôt revenue de sa
surprise s'empressa de baisser sur
son visage le voile qu'elle avait sur
sa tête : elle voulait tâcher de passer
inaperçue. Il était trop tard , elle avait
été reconnue.

⋄⋄

CHAPITRE XV.

RUPTURE, DUEL.

J'ai connu tous les maux, la vertu les surmonte;
Mais quel cœur généreux peut supporter la honte?

Voltaire.

Il faut braver la mort en tous temps, en tous lieux,
Sous quelque affreux aspect qu'elle s'offre à vos yeux.

Destouches.

COMMENT c'est toi, Alphonsine !
dit à madame Néville le nouveau ma-

rié qui se présentait devant l'autorité avec toute sa famille. Est-ce que tu viens solliciter ici la faveur de faire encore une fois la déesse de la Liberté?

— Monsieur, je ne sais ce que vous voulez me dire, dit en balbutiant madame Néville.

— Ah! je vois maintenant, continua en riant le même individu, tu viens de prendre un nouvel époux. Il paraît que tu as bon appétit.

— Monsieur, vous vous méprenez sans doute... je ne vous connais pas. Et en même temps madame Néville tâchait, en tenant toujours le bras de son époux, de se faire place à travers la foule.

— Si tu ne veux pas nous reconnaître, dit le père de la jeune mariée en s'adressant à madame Néville, sans doute tu es bien libre, Alphonsine, comme tu l'as été de te passer de mon consentement; mais songe que nous n'avons pas à rougir de notre état; peut-être n'en pourrais-tu dire autant. Il y a long-temps que c'est toi qui nous déshonores par ton infâme conduite; c'est nous qui te méprisons; la famille, qui est pauvre, mais estimable, vaut infiniment mieux que toi.

—Qu'est-ce donc que cela veut dire? Êtes - vous ici pour m'insulter? dit M. Néville en s'adressant à ce dernier, qui paraissait être un artisan

de la dernière classe , mais endiman-
ché très-proprement.

—Je ne vous connais pas , monsieur,
dit l'artisan. Je vous prie de m'excu-
ser , car je serais fâché , relativement
à vous , qui m'avez l'air d'un galant
homme, de vous paraître grossier ou
malhonnête , mais je ne permettrai
pas que ma fille Alphonsine , qui à ce
qu'il paraît est maintenant votre
épouse , passe effrontément devant
toute sa famille en ayant l'air de la
méconnaître ou de la regarder en
pitié , comme elle l'a déjà fait plusieurs fois en passant devant ses
sœurs, qui valent cent fois mieux
qu'elle.

—Vous saurez , monsieur, dit une

bonne femme également endiman-
chée, et qui paraissait être la mère
de la nouvelle mariée, que mon mari
n'est qu'un pauvre cordonnier, mais
nous pouvons marcher partout la tête
levée, excepté par rapport à cette
malheureuse Alphonsine, notre fille
aînée, qui est assez éhontée de nous
toiser du haut en bas lorsqu'elle passe
auprès de nous. Pourrait-elle en dire
autant que nous, cette misérable,
depuis qu'elle a fait la déesse de
la Liberté à la fête de l'Être - Su-
prême ?

— Sortons, je vous en supplie, monsieur Néville, dit sa nouvelle épouse,
dans une agitation qu'il serait difficile
de dépeindre; je sens qu'il me serait

impossible de soutenir plus long-
temps un semblable spectacle.

Le nouvel époux ne répondait
rien, mais on voyait à la contraction
de tous ses mouvemens, à la rougeur répandue sur sa figure, qu'il
était cruellement agité, sans pouvoir avoir la faculté de manifester ce
qui se passait en lui.

C'était effectivement le père Rigaut,
honnête cordonnier, de la rue Pierre-
aux-Bœufs, qui mariait une de ses
filles au menuisier Richard, l'ex-pré-
sident du comité révolutionnaire de
la section, dont la vindication contre
Alphonsine Rigaut avait été cause de
la fin désastreuse de M. des Retours.

Cet homme, qui avait voulu épouser Alphonsine lorsqu'elle n'était que

couturière, et auquel on avait fait
beaucoup d'avanies, semblait pour-
suivre partout cette jeune veuve;
c'était pour elle une fatalité, sa vengeance semblait s'étendre sur tout
ce qu'il y avait d'important dans
les circonstances de sa vie. Richard n'était plus dans les hon-
neurs où l'avait élevé l'infernale politique de quatre-vingt-treize; tout
était changé dans sa section, il ne
se trouvait plus rien malgré son ci-
visme, et il était redevenu gros Jean
comme devant. Armé d'un peu de
philosophie, il avait bravement re-
pris son rabot et son équerre, et les
affaires de l'état étaient rentrées pour
lui dans le domaine de l'indifférence.
Le hasard lui avait fait faire la con-

naissance du père Rigaut, qui avait encore deux très-jolies filles à marier, bien qu'elles fussent un peu moins âgées que leur sœur Alphonsine. Il en avait demandé une en mariage ; l'ayant obtenue, tout avait été disposé pour la cérémonie, et le hasard encore avait fait que cette famille s'était trouvée à la municipalité au moment même où M. et madame Néville venaient de signer leur acte de mariage.

M. Néville, sans paraître faire attention à ce que lui disait la mère Rigaut, semblait obéir aux sollicitations de son épouse. Il sortit avec les parens qui avaient été présens à la célébration de leur hymen. Il paraissait furieux d'entendre les quolibets

et les ricanemens de toutes les personnes attachées à l'autorité municipale, qui avaient entendu et saisi
ce qu'offrait de plaisant cette scène
originale ; le nouvel époux, qui déjà
paraissait l'être malgré lui, ne pro-
nonça pas une seule parole ; seulement en sortant il affecta de ne
point donner son bras à sa nouvelle
épouse , qui eut beaucoup de peine
à se transporter jusqu'à la voiture de
son époux qui l'attendait, et où elle
tomba évanouie aussitôt qu'elle y fut
arrivée.

M. Néville , dans sa distraction, ne
fit pas beaucoup attention à la subite
indisposition de madame ; mais une
parente qui se trouvait dans la voiture
à côté d'elle s'empressa de la se-

courir ; elle fit arrêter la voiture devant la première boutique de phar-
macie qui se rencontra sur la route ,
pour y prendre ce qui était nécessaire
afin de la faire revenir promptement
de sa défaillance ; elle y réussit facilement , et madame Néville commen-
çait à être remise , lorsqu'elle et toute
la société entrèrent dans la cour de
l'hôtel de son époux.

Pas une seule parole n'avait été
prononcée dans la voiture pendant
le trajet de la municipalité à l'hôtel
de M. Néville ; une sombre tristesse
était répandue sur la physionomie
de ce nouvel époux ; il ne paraissait
nullement compatir aux maux bien
réels qui affligeaient madame Néville,

et il était presque impossible de deviner ce qui se passait dans son âme.

En entrant dans le salon, madame Néville alla se jeter sur un canapé, et son mari dans un fauteuil placé à l'opposé de l'endroit où était sa femme ; tout le monde prit place, çà et là, en observant le silence ; la généreuse parente qui s'était trouvée dans la voiture fut la première qui le rompit en demandant à madame Néville comment elle se trouvait.

— Beaucoup mieux, madame, répondit-elle ; je vous ai beaucoup de reconnaissance de toutes vos attentions.

Le même silence continua encore pendant quelques minutes. Les parens seuls, qui se trouvaient rapprochés les uns des autres, se parlaient bas sans se permettre une conversation générale. Enfin M. Néville se leva, et se promenant seul au milieu des personnes invitées à sa noce.

— En repassant dans ma tête, dit-il, les événemens de ma vie, il m'est impossible de découvrir quel crime je puis avoir commis pour être traité avec tant de rigueur par ma fatale destinée! il est impossible d'être plus malheureux que je le suis.

— C'est à moi de répondre à cette cruelle réflexion, dit madame Néville en se levant et se dirigeant vers lui ; j'espère, mon ami, que vous voudrez bien avoir la bonté de m'entendre.

— Non, madame, dit-il en lui jetant un regard de mépris, je ne vous
entendrai pas ; vous n'avez rien à
m'apprendre, et j'en sais maintenant
beaucoup plus que vous ne m'en
pourriez dire.

En même temps il lui tourna le
dos, pour continuer sa promenade.

— Daignez au moins écouter ma
justification, continua-t-elle en s'ap-
prochant de lui.

— Il ne peut pas y en avoir, madame, dit-il en la repoussant ; vous
avez été assez vile pour jouer un rôle
qu'une fille publique eût rougi de
remplir... La déesse de la Liberté ! !

— Une fille publique ! monsieur ?
dit madame Néville en s'arrêtant et

prenant un air de dignité, de celui de
suppliante qu'elle avait.

— Oui, madame, une fille publique aurait rougi, si elle avait été forcée de représenter la Liberté, dans
nos infâmes saturnales révolution-
naires.

— C'en est trop, monsieur ; vous
osez me comparer à une fille publique ?

— Bien plus méprisable encore !
madame !...

— Je ne le souffrirai pas, monsieur.

— Je puis vous assurer que vous en
souffrirez bien d'autres de ma part,
madame.

En cet instant, M. Néville se trouvait très-rapproché et en face de son
épouse ; il semblait la défier par une
attitude menaçante.

— Vous vous trompez, monsieur.

En même temps elle lui applique
sur la joue un soufflet, assez solide
pour faire tomber son chapeau , qu'il
avait gardé sur sa tête.

— Et voilà pour vous prouver que
je ne le souffrirai pas.

— Comment, madame , vous osez
porter la main sur moi ?

Aussitôt il se dispose à la frapper
en s'avançant vers elle ; mais toute
l'assemblée se jette entre les deux
nouveaux époux , et empêche une

scène qui excitait-chez tout le monde
et le rire et l'admiration.

— Cette scène affligeante ne peut
se terminer ainsi, monsieur Néville,
dit son épouse en conservant sa dignité; vous m'avez horriblement insultée, je vous ai rendu la pareille, et
tout l'amour que j'avais pour vous
s'est changé en fureur.

— Et que m'importe vous et votre
amour, madame!

— Cela m'importe tellement à
moi, monsieur, qu'il faut que vous
montriez devant ces messieurs si vous
êtes un lâche ou un homme qui pos-
sédez encore quelque honneur, et il
faut que l'un de nous deux y pé-
risse. Ne croyez pas que je sois assez

faible pour me laisser traiter impu-
nément comme l'a été très-innocem-
ment votre première épouse ; mes
faibles mains n'ont jamais tenu une
arme, et je n'ai jamais appris à m'en
servir. Mais je veux en faire l'essai
avec vous, monsieur, et j'espère que
vous ne me refuserez pas l'honneur
de me brûler la cervelle si la chance
vous est favorable.

— Moi me battre contre une femme ?
non jamais, madame.

— Oui, monsieur, vous vous battrez avec moi ; le sexe ne doit point
vous arrêter, l'offense est tout, et
puisque vous n'avez point de honté
d'insulter une femme, et d'abuser
d'une autorité que vous ne devez point

avoir pour l'humilier, pour l'avilir, il faut que vous répondiez à sa juste vengeance et à sa provocation. Vous vous battrez avec moi, monsieur, et vous vous battrez au pistolet, parce que je crois que c'est l'arme la plus avantageuse pour moi, qui n'ai jamais appris à me servir d'aucune.

— Je ne me battrai point avec vous, madame.

— Je suis assez généreuse pour sup- poser que ce n'est point le courage qui vous arrête; eh bien! ce ne peut pas être une considération, puisque c'est moi qui vous provoque. Si vous me re- fusez aujourd'hui cette satisfaction, songez, monsieur, que je vous poursui- vrai partout en vous souffletant dans

tous les lieux où je vous rencontre-
rai , et devant n'importe quelle personne, et partout comme une furie
attachée à sa victime, je vous traite-
rai de la manière la plus vile , ainsi
que vous le méritez, quand même
cela devrait être devant l'univers as-
semblé.

— On n'a jamais vu , madame, un
combat aussi original , aussi inégal
surtout , et jamais je ne voudrais me
servir de ma supériorité.

— Mon courage, ma vengeance et
ma fureur égalisent tout , monsieur,
et vous n'avez nulle supériorité sur
moi. Eh pourquoi, puisque vous vous
supposez d'une force au-dessus de
moi , avez-vous la lâcheté de m'in-

sulter? N'en êtes-vous pas que plus méprisable? J'en prends ces messieurs à témoin, nulle considération ne doit vous arrêter, vous vous battrez avec moi. C'est chose décidée, et je prie ces messieurs de vouloir bien être assez généreux, puisqu'ils sont témoins de l'offense, d'être les témoins du combat. Je vous laisse, monsieur, à vos réflexions et à vos préparatifs; demain à six heures je vous attendrai à la porte du bois de Boulogne.

Sans laisser le temps à M. Néville de répliquer et de lui faire de nouvelles oppositions, elle sortit dans cette irritation portée au plus haut degré, en laissant toute la famille dans le plus grand étonnement.

Après son départ, on agita la question de savoir si, madame Néville persistant dans cette bizarre résolution de se battre en duel, on devait répondre à son invitation. Tout le monde penchait pour l'affirmative, puisqu'elle avait justement choisi des armes qui rendaient le combat à peu près égal. M. Néville seul opposait au raisonnement de ses parens une difficulté, qui pouvait en être une très-grande pour lui, en pareille circonstance, il se sentait incapable d'une telle lâcheté ; il jura qu'il ne tirerait point sur une femme placée à une faible distance de lui, ainsi que son épouse paraissait le désirer, et sur une femme, malgré tous les torts qu'il pouvait lui reprocher, avec laquelle

il venait de s'unir par les liens du
mariage. Après une forte discussion il
fut décidé que si effectivement madame Néville persistait, on se rendrait
le lendemain sur le terrain.

Madame Néville s'empressa de rentrer chez elle et de changer de costume; elle ne pouvait considérer les
parures de noce qu'elle avait sans une
espèce d'horreur. Elle envoya ensuite
acheter deux paires de pistolets d'ar-
çon, de la poudre et des balles, puis
elle se rendit au bois de Boulogne, et
là, dans l'une des sombres allées qui
conduisent à Saint-Cloud, elle s'exerça
pendant trois heures à tirer des balles
sur des arbres, étant placée à dix pas
de distance de celui qu'elle choisissait.
Après avoir fait cet apprentissage fort

extraordinaire pour elle , elle rentre enfin pour prendre quelque nourriture et surtout le repos, dont elle avait grand besoin.

Le lendemain , de très-grand matin, elle prend un costume d'amazone, et coiffée d'un chapeau rond , elle fait avertir son mari, qui l'était seulement depuis une vingtaine d'heures , mais qui n'en avait point acquis tous les droits ; elle lui fit dire qu'elle l'attendait avec impatience à la porte du bois de Boulogne.

Elle n'avait point amené de témoins avec elle. En se fiant à la loyauté de M. Néville et de ses parens , elle avait craint avec juste raison que, si quelqu'un de ses amis ou de ses connais-

sances eût été présent à la scène qui
devait avoir lieu, il ne cherchât par
son influence et ses représentations à
lui faire renoncer au projet qu'elle
avait si fortement conçu, et qu'elle
voulait exécuter malgré toute oppo-
sition. L'amour extrême qu'elle avait
pour M. Néville, la tendresse qu'il
lui avait inspirée, s'étaient subitement changés en une haine im-
placable, et elle voulait se venger
n'importe à quel prix. Elle n'avait
donc avec elle que son domestique
et sa femme de chambre.

A l'arrivée de ces messieurs, elle
va au-devant d'eux, et présente à
M. Néville les deux paires de pistolets, des balles et de la poudre, en

lui disant de choisir celui qui lui sem-
blerait le plus convenable, et qu'elle
allait en faire autant.

— En vérité, madame, lui dit-il,
vous ne pouvez vous faire une juste
idée de la répugnance que j'éprouve
d'en venir avec vous à cette dure
extrémité qui n'est point dans nos
usages. C'est peut-être la première
fois que l'on verra un duel de cette
nature.

— Il m'importe fort peu de savoir
ce que l'on pensera de moi, mais il
faut que ma volonté s'exécute, rien
ne peut la faire changer. Et pour
vous, M. Néville, quand on sait si
bien insulter, et si lâchement user

du pouvoir que votre sexe a sur le
mien, il faut au moins savoir montrer
autant de courage qu'il en a lui-même
lorsqu'il est poussé à bout. Ainsi, à
cet égard, je vous prie de ne point
me fatiguer de vos inutiles réflexions:
choisissez.

Et elle lui présente les pistolets
qu'elle tenait dans ses mains.

Un des trois jeunes gens que
M. Néville avait amenés avec lui
comme témoins en choisit aussitôt
deux. Madame Néville reprit les deux
autres et les rendit à son domestique, qui les avait apportés. Après
avoir cherché un endroit propice au
combat, afin de ne point être aperçu

par des passans, on chargea les deux
armes, et l'on tira au sort en jetant
un écu en l'air, pour savoir lequel tirerait le premier. Ce fut M. Néville
qui fut favorisé de cet avantage.

La distance fut ensuite discutée :
madame Néville voulait que ce fût à
dix pas, mais les témoins exigèrent
que ce fût à quinze, et deux arbres,
placés à cette distance, furent dési-
gnés pour être les points où chacun des deux combattans devait être
placé.

Madame Néville prend aussitôt le
pistolet dont elle devait se servir, et,
avec beaucoup de sang-froid, mais
sans affectation, elle entr'ouvre légé-

rement son habit d'amazone, pour
faire voir qu'il n'y avait rien sur sa
poitrine qui pût empêcher l'effet de
la balle, et aussitôt après elle se rend
à son poste, et se place contre l'arbre qui avait été désigné par les témoins.

M. Néville, qui avait ôté son habit,
se place aussi à la distance désignée.
Au signe que lui fait son adversaire
qu'elle est prête, il dirige d'abord
son pistolet contre elle, et par un
second mouvement, il tire en l'air.
Aussitôt madame Néville, en parais-
sant très en colère, vint vers lui en
laissant son arme au pied de l'arbre
où elle avait été se placer pour attendre le coup.

— Vous ne voudriez pas, monsieur Néville, lui dit-elle, que je me rendisse coupable d'un assassinat. Vous ne voudriez pas sans doute me faire monter sur l'échafaud pour y expier la punition d'un crime que j'aurais justement méritée, mais d'un crime que vous auriez provoqué, car je vous déclare que je serais forcée de vous brûler la cervelle, si, par un sentiment de pitié que je ne veux point exciter chez vous, vous affectiez de ne point tirer sur moi. Je vous prie de croire, monsieur, que je ne vous ferai aucune grâce, et que je ne veux en recevoir aucune de vous.

— Ce n'est ni par pitié, ni par

faiblesse, et encore moins par générosité, que j'en agis ainsi ; je ne ressens aucun de ces sentimens pour
vous, madame, mais vous êtes
femme, et...

— Cette femme ne vous épargnera
point, monsieur, si vous n'êtes pas
assez adroit pour la frapper le premier. Je vous ai souffleté hier, et je
vais encore le faire à l'instant, si
vous ne voulez pas recharger votre
arme, et si vous ne voulez pas tirer
sur moi comme sur l'ennemi le plus
impitoyable que vous puissiez avoir.

— C'est assez, madame, retirez-
vous. Allez reprendre votre arme ; je
n'écoute plus que ma fureur, et je ne

peux plus être retenu par aucune espèce de considération.

— Je n'en réclame aucune, monsieur, je serais trop misérable si j'é-
tais susceptible de vous en inspirer!
Ne consultez que votre indignation,
comme je ne considère que la
mienne ; la vengeance seule doit nous
faire agir l'un et l'autre dans cette
circonstance. »

Elle fit recharger devant elle le pistolet de M. Néville par les témoins,
et examina attentivement la balle
que l'on mettait. Elle retourna ensuite à son poste et reprit le pistolet
qu'elle avait laissé. Elle attendit sans
effroi le coup qui était dirigé sur elle.

Elle n'en fut point atteinte; soit que
la colère fît trembler M. Néville, soit
par maladresse, la balle n'effleura
même pas son adversaire.

Madame Néville arme à son tour
son pistolet, et tire hardiment sur
lui. Si elle ne fut point favorisée par
son adresse, elle le fut du moins par
le hasard : la balle traversa la poitrine de M. Néville, qui tomba mort
au pied de l'arbre contre lequel il
était placé.

Aussitôt les trois témoins volent à
son secours, mais tous ceux qui lui
furent prodigués devinrent inutiles;
il ne respirait déjà plus. Madame Néville, sans paraître émue d'un sem-

blable spectacle, jeta le pistolet des-
tructeur qu'elle tenait encore dans sa
main auprès de ces messieurs, et
avec ses deux domestiques elle reprit tranquillement la route de
Paris.

●●●●●○●●●●●●●●○●●●●●●●○●○○●○○●◆●○●●●●●●●○●○●●●◆●○●○●○●◆

CHAPITRE XVI.

MORT D'UNE JEUNE FILLE.

L'émulation , l'enthousiasme , la
vertu , tous ces puissans moteurs
de l'âme et du génie ont singu-
lièrement besoin d'être encou-
ragés. Ils se flétrissent comme
une fleur sous un ciel triste et
glacé.

La juste indignation dont était pé-
nétrée mademoiselle Sophie Duteil
en s'échappant de chez M. Néville ,
son époux , était difficile à dépeindre.
Lorsqu'elle fut dans la rue , elle pré-

cipita ses pas sans trop savóir de
quel côté les diriger, elle marchait
sans déterminer positivement quel
parti elle allait prendre. Sans connaissance, sans appui et sans ressource,
la marche qu'elle pouvait prendre
était absolument indifférente. Seulement elle était décidée à ne point
retourner chez madame Henriot, sa
maîtresse de modes, d'où elle était sortie pour aller chez madame des Retours, parce qu'elle n'aurait pu soutenir les mauvaises plaisanteries des
autres ouvrières qui avaient été ses
camarades. Elle avait la même répugnance pour retourner à l'hospice des
Enfans-Trouvés, car il aurait nécessairement fallu faire le récit de
ce qui lui était arrivé depuis sa sortie

de cet établissement ; et d'ailleurs ce
mot Enfans-Trouvés, répété tant de
fois par M. Néville, bien que lui-
même y eût été prendre des rensei
gnemens et des extraits d'acte, frap-
pait horriblement à son oreille. Ainsi,
tous les précédens événemens de sa
vie l'empêchaient de rentrer dans
l'une et dans l'autre de ces deux mai-
sons. Elle se rappelait très-bien qu'a-
vant d'entrer aux Enfans - Trouvés,
à l'âge de quatre ou cinq ans, elle
était chez une nourrice qui était très-
bien logée, et que très-souvent des
dames et des messieurs venaient en
voitures brillantes pour la voir, la
caresser et lui donner toutes sortes
de joujoux et de bonbons ; mais tout
cela se perdait dans le vague et dans

l'obscurité, elle ne pouvait tirer aucun parti de ces faibles souvenirs.

Ses idées en désordre, son juste ressentiment sur l'injustice des hommes, et ses distractions, conduisirent mademoiselle Duteil jusque sur la place Louis XV. « Comment, disait-elle en elle-même, et en ralentissant sa marche, j'ai été assez bonne, assez juste, assez courageuse enfin, pour révéler à mon époux le terrible attentat qui a été commis sur moi, et dont j'ai été la trop malheureuse victime, et c'est sur moi! sur moi! que l'on en fait retomber la faute! et l'on a osé me traiter comme la dernière des créatures! O grand Dieu! voilà bien les hommes! ils seront toujours nos tyrans les plus cruels...

Oh! que ne suis-je morte, à la suite des coups terribles que ces scélérats m'ont portés en abusant de leur force et de ma faiblesse! »

Tout en réfléchissant ainsi, et se voyant près de la rivière, l'idée de se détruire se présenta à son imagination. « Oui! s'écria-t-elle, il faut que je mette une fin à tous les maux que j'éprouve et qui me font horriblement souffrir. La tâche que j'ai à remplir dans ce monde est déjà terminée, il faut me séparer de lui; malgré tout ce qui m'est arrivé, j'ai vécu honnête et vertueuse, ma conscience ne me reproche rien, et sans tache comme sans repentir, je peux paraître devant Dieu..... Oui, c'est ici que doit se terminer mon existence. »

En ce moment ses yeux se portèrent
sur son ajustement, qui était superbe,
puisque e'était celui de la célébration
de son mariage qui venait d'avoir lieu;
ils se fixèrent également sur les bijoux
qu'elle avait, et sur le portrait de
M. Néville qu'elle portait sur son
sein, ressemblance d'un assez grand
prix et qui était entourée de diamans;
tout cela ralentit encore l'exécution
de la résolution qu'elle venait de
prendre. Elle aurait voulu auparavant
renvoyer tous ces objets à M. Néville, puisque d'abord c'était à lui
en propriété, et consciencieusement
il valait beaucoup mieux les lui rendre que de les jeter au fond de l'eau
où elle allait s'engloutir elle-même.
Elle détachait donc toutes ces parures,

et elle cherchait quelqu'un à qui elle
pût se confier en toute sûreté , pour
porter ces bijoux de prix à leur destination , lorsqu'elle arriva, à l'endroit
des Champs-Élysées où elle avait vu
périr le malheureux Arthur. Quelques idées d'attendrissement s'empa-
rèrent de Sophie , des larmes vinrent
humecter ses paupières; elle crut reconnaître l'arbre où elle était tombée
évanouie ; malgré elle et comme par
réminiscence elle alla de nouveau se
reposer à cette même place. Machinalement sa vue se dirigea vers le fossé
au bord duquel ce membre de la
commune avait terminé sa carrière
en se tirant un coup de pistolet. Elle
vit quelqu'un sur le bord de ce même
fossé et presque dans la même situa-

tion que celle où était cet infortuné
à ses derniers momens. En regardant
plus attentivement, elle crut reconnaître le fils de M. Arthur, qu'elle
avait en voiture reconduit chez lui ,
et qu'elle n'avait pas vu depuis le
jour du désastre de son père. Ce jeune
homme paraissait fortement préoc-
cupé : de temps en temps il levait ses
yeux vers le ciel , et ensuite il laissait
retomber sa tête dans ses deux mains,
et paraissait se livrer à des réflexions
sinistres. Ce spectacle émeut fortement mademoiselle Duteil. Elle abandonne pour un moment ses projets
de destruction pour aller auprès de
lui , convaincue que c'était le fils
d'Arthur. Sophie se trompait : elle
fut on ne peut plus surprise de

voir, quand elle fut près de lui, un
jeune homme qu'elle ne connaissait
nullement, et qui paraissait accablé
sous le poids de quelques grands
malheurs. Aussitôt qu'elle s'aperçut
de sa méprise, elle fit un mouvement
pour retourner auprès de l'arbre où
elle s'était arrêtée ; mais ce jeune
homme, tiré de ses idées lugubres,
par le froissement et le bruissement
des habillemens de soie dont était
vêtue mademoiselle Sophie, lève les
yeux sur elle, et manifeste son étonnement par un mouvement de surprise qui le fait retomber en arrière.

— Mon Dieu, monsieur, je vous
en prie, lui dit Sophie, daignez me
pardonner mon indiscrète curiosité,

de venir vous interrompre dans vos réflexions, n'ayant pas l'avantage de vous connaître ; mais j'avais cru voir en vous une personne que j'estime beaucoup.

— Je ne sais, madame, dit-il, si je dois vous avoir quelque obligation de venir auprès de moi dans un moment si fatal.

En même temps le jeune homme jetait ses yeux étonnés sur la jeune fille, dont les vêtemens en désordre, mais d'une rare élégance, excitaient des idées singulières et contradictoires : il ne pouvait trop comprendre ce que cela voulait dire. Qu'on se représente effectivement une belle

personne de dix-sept à dix-huit ans
avec les plus beaux habillemens d'une
jeune mariée lorsqu'elle va contracter des liens qu'elle a droit de croire
indissolubles. A l'exception de sa
couronne, de son bouquet et de son
anneau qu'elle avait jetés aux pieds
de son époux, Sophie avait encore
toute sa parure virginale qui embel-
lissait les charmes les plus séduisans,
lorsque, rougissant de pudeur, quelques heures auparavant elle avait prononcé devant l'autorité le serment
de fidélité qu'elle promettait à son
époux, qui s'en était rendu indigne
un instant après. Depuis sa fuite précipitée de chez M. Néville, Sophie,
n'étant guidée dans sa marche que
par son indignation et par l'exaltation

de ses sentimens, elle n'avait fait nullement attention que sa parure était en contradiction avec sa démarche un peu vive et ses yeux égarés, et que cet ensemble incohérent excitait le rire et la curiosité des passans, qui ne pouvaient s'empêcher de faire force plaisanteries en la voyant en cet état. Le hasard seul avait été cause qu'elle n'avait point été insultée. Lorsqu'elle se trouva devant ce jeune homme, elle était en cette situation, et de plus elle tenait dans ses mains les bijoux et chaînes en or les plus à la mode qu'elle avait détachés de dessus elle. Un peu honteuse de ce premier mouvement de l'inconnu elle s'empressa d'ajouter :

— Croyez, monsieur, si je n'avais

pas été conduite par une erreur bien
pardonnable, que l'on ne doit, dans
tous les cas, attribuer qu'à mon extrême sensibilité, que je ne me serais
point permis de me présenter ainsi à
vos regards... Permettez, maintenant,
que je me retire...

— Il n'est plus temps, madame;
puisqu'une circonstance fortuite nous
fait nous rencontrer dans cet endroit
écarté, permettez à mon tour que je
vous prie de ne point m'aban-
donner.

En même temps l'inconnu se lève
et va auprès de Sophie, qui se disposait à le quitter.

— J'ai lieu d'espérer, monsieur,
que vous ne me ferez point repentir de

mon imprudence, et que vous me laisserez libre d'exécuter mes projets, et de satisfaire° le désir que j'ai, qui est nécessité par ma position, de vous quitter à l'instant même.

— Tout, dans votre personne comme dans votre mise élégante, me ´fait désirer de connaître les motifs de votre présence en ces lieux, et puisque vous m'avez interrompu dans l'exécution des desseins que j'avais formés, puisque vous dissipez momentanément le désespoir qui m'entraîne irrésistiblement dans un précipice, vous dévez aussi avoir quelque commisération pour un infortuné qui ne compte plus au nombre des vivans.

— Comment, monsieur, au nom-

bre des vivans? Quelle singulière rencontre! Et moi..... moi, qui devrais
maintenant être..... Ah! ne m'inter-
rogez pas..... et laissez - moi pour-
suivre mon chemin.

Et Sophie se cachait le visage d'une
de ses mains.

— Eh quoi, madame, par un des
plus étonnans effets de la sympathie ,
chercheriez-vous, ainsi que moi , à at-
tenter à une existence qui se présente
pour vous sous de si brillans auspices?
Auriez-vous l'intention de priver la
société d'un de ses plus beaux orne-
mens?

— Quand on a déjà éprouvé tant
de malheurs, est-il un asile plus favorable pour moi que celui d'un tom-

beau ? Je vous en ai déjà trop dit,
monsieur, daignez ne point insister
pour me retenir, vous me rendriez
un bien mauvais service.

—Plus vous cherchez à vous échap-
per, et plus vous excitez mon admiration et ma curiosité ; vous parlez
de malheurs, madame, ils se sont
accumulés sur ma tête avec une force
et une pesanteur effrayantes. Tenez,
continua-t-il en ramassant un pistolet
qui était resté à terre, voilà l'instru-
ment qui m'aurait déjà lancé dans
l'éternité, si vous n'étiez pas venue
m'interrompre dans mes projets des-
tructeurs.

—Tout ce que vous me dites m'in-
téresse vivement, monsieur, et mal-

gré le désir que j'aurais de vous faire
changer de résolution , par les représentations que je pourrais vous faire ,
je suis forcée de vous supplier de ne
pas m'arrêter plus long-temps , car ,
de mon côté , j'ai une tâche à remplir
que je ne puis plus retarder.

— Non , madame , il est un soula-
gement à nos maux que nous pouvons nous procurer. Nos projets sont
les mêmes , et chacun de nous exécu-
tera ce qu'il a résolu au fond de son
cœur. Mais auparavant nous devons
nous communiquer nos peines et nos
malheurs , afin de rendre nos derniers
instans plus touchans et plus intéres-
sans. Ces mutuels épanchemens , ces
communications , que chacun de nous

recueillera et conservera dans son
âme, nous rendront plus chers l'un
et l'autre à l'instant où il faudra fran-
chir d'un pas courageux les bornes
de l'existence, et nos derniers adieux
comme nos derniers regards seront
entièrement consacrés aux douces
affections de l'amitié, qui sont bien
préférables aux fougueuses impressions de l'amour.

— Vous me faites entrevoir les
premières étincelles d'un sentiment
que je n'ai jamais connu. Malgré
le désir que je pourrais avoir de m'en
pénétrer, je sens, monsieur, qu'il est
trop tard pour avoir la moindre velléité
de m'y livrer désormais, et je persiste
à accomplir de suite mon dessein,

bien convaincue que je ne suis née que
pour souffrir, et que déjà ma carrière
est remplie sur la terre ; j'éprouve
un besoin extrême de me reposer.
Je veux seulement vous supplier de
me rendre un service , c'est une dernière grâce que je vous demande , car
j'ai tout lieu de croire que pour aujourd'hui vous n'exécuterez pas votre
projet. Ce portrait , ces bijoux que
je tiens dans ma main , ne m'appartiennent pas. Veuillez avoir la bonté
de faire tenir tout cela à l'adresse
que je vais vous donner.

— Ce portrait , madame ? cela m'é-
tonne beaucoup.... Le jeune homme
regarde attentivement cette peinture
ainsi que les diamans ! Je connais

ajoute-t-il, particulièrement ce jeune homme-là.

— Comment ! vous connaissez... ?

— Monsieur Néville est un de mes amis.

— Combien vous m'étonnez !

— Je dirai bien plus, madame, c'est moi qui ai fait ce portrait ; il était destiné à une jeune personne fort jolie qu'il a dû épouser ce matin. Je n'ai jamais vu cette demoiselle.

—Tout ceci confond l'imagination, monsieur ; cette rencontre, ces singuliers effets d'une sympathie que rien ne peut expliquer, tout ceci confond l'intelligence humaine ! c'est moi qui suis cette épouse nouvelle, cette mariée de quelques heures, et vous voyez où me conduit cette félicité que l'hymen semblait me promettre! elle n'a pas été de longue durée.

— En voyant cette ressemblance, cette parure en désordre, j'ai dû me douter qui vous étiez. Maintenant, il me reste à savoir par quelle fatalité vous vous trouvez réduite, dans un jour si mémorable, à n'écouter que votre désespoir.

— Je pourrais vous faire la même question, monsieur; écoutez, rien ne peut me faire changer la résolution que j'ai prise relativement à moi. Il faut que mon dessein s'accomplisse. Malgré cela, je veux bien retarder de quelques jours, ainsi que

vous paraissez le désirer, pour apprendre de vous les causes qui vous
entraînent dans un désespoir aussi
affreux que le mien. La circonstance
de ce portrait, votre liaison avec
M. Néville, et une infinité d'autres
motifs que cette rencontre fait naître,
m'engagent à vous imiter et à attendre quelques jours pour terminer ce
grand drame de la vie.

— Nous le terminerons ensemble,
madame, car rien ne peut me faire
changer également; mais auparavant donnons-nous connaissance des
malheurs qui nous conduisent dans
ce même lieu pour y chercher la
mort.

Dans la confusion que lui cau-

sait la découverte de ce portrait et
la honte d'être connue de ce jeune
homme pour qui elle s'était inté-
ressée dans un premier mouvement
de sensibilité, mademoiselle Sophie
avait subitement changé de pensée
pour quelques jours, pour quelques
instans peut-être, et l'inconnu avait
profité de cette hésitation et de cette
disposition pour la faire quitter le
lieu où ils étaient tous les deux; ils
se promenèrent l'un à côté de l'autre.
Plusieurs points cependant la rete-
naient encore, c'était, d'abord, la parure élégante et un peu en désordre
qu'elle portait, qui nécessairement
devait la faire remarquer de tout le
monde et exciter la curiosité publique, toujours avide de scandale; en-

suite la grande difficulté de se procurer d'autres effets, car elle ne
possédait pas un denier, et bien certainement, elle ne se permettrait pas
de retourner dans sa chambre chez
madame des Retours pour chercher
de l'argent, bien qu'elle y en eût qui
lui appartenait. Une autre difficulté
se présentait encore, c'était la possibilité de se procurer un asile, ne vou-
lant point rentrer dans Paris, dont le
séjour lui faisait horreur. Tout en se
promenant le long de l'allée du cours
la Reine, elle faisait, en balbutiant,
le pénible aveu de sa position à son
compagnon d'infortune, qu'elle ne
connaissait que depuis quelques instans. L'intimité se glissait dans l'âme
du jeune inconnu, et il cherchait

autant qu'il était en son pouvoir à
détruire les objections qu'elle lui
faisait ; de temps en temps elle regardait couler les flots de la Seine ,
car à cette époque il n'y avait point de
parapet, et les réflexions qu'elle faisait
augmentaient encore en elle le désir
de chercher dans cette rivière un
terme à ses maux, malgré la rencontre inopinée de l'inconnu , et tout
l'intérêt qu'il devait inspirer.

En ce moment, une de ces voitures qui stationnent des journées
entières à la porte des Tuileries près
le Pont-Royal, de ces misérables casse-
cous, que l'on appelle , on ne sait
trop pourquoi , des *pots de chambre* ,
vint à passer près d'eux en criant :
Versailles ! Versailles ! Cette voiture ,

qui était vide s'arrête comme pour les faire monter. L'inconnu proposa à Sophie d'entreprendre le voyage ; sans trop penser à ce qu'elle faisait, et seulement pour se soustraire aux regards curieux du public dont elle craignait les plaisanteries, elle accepta la proposition que lui faisait l'inconnu.

Au bout de quelques minutes une autre personne, espèce de paysan, demande à monter dans la voiture publique, ce qui est accepté avec empressement par le cocher ; cette tierce personne, sans en être volontairement la cause, rendit le voyage extrêmement triste : pas un mot ne fut échangé par les trois voyageurs, et l'on arriva sur la grande avenue de Versailles en conservant cette monotonie, qui ne les avait pas quittés depuis Paris.

Le premier hôtel garni que l'on rencontra fut le refuge de Sophie et de son protecteur. Le jeune homme demanda un appartement des plus décens de la maison, et comme on les regardait avec surprise et qu'ils ne portaient point de malle, l'inconnu s'empressa de payer un mois d'avance pour deux appartemens séparés. Il demanda ensuite que l'on lui procurât une couturière, et qu'elle apportât avec elle divers effets d'habillemens ordinaires.

Pourrais-je savoir, enfin, monsieur, quels sont vos projets ? car jusqu'à présent je me suis laissée entraî-

ner à je ne sais quel sentiment de
sympathie ou de convenance, auquel
je ne puis rien comprendre.

— Il convient d'abord, mademoiselle, que vous changiez de costume,
car il serait ridicule que vous restas-
siez en cet état, et vous le voyez vous-
même, chacun vous regarde, avec
juste raison, avec la plus grande surprise. Je veux ensuite connaître les
événemens qui vous ont fait prendre la fatale résolution de vous détruire.

— Mais vous en savez déjà une partie, je crois, puisque vous connaissez
celui qui, ce matin, m'a donné le nom
d'épouse.

— Mes idées à cet égard ne sont

encore que des soupçons, des con-
jectures, mais, au fond, je ne connais rien. Vous apprendrez de moi
également tous les malheurs qui me
sont arrivés. Ils exciteront, j'en
suis convaincu, votre pitié, votre
commisération! Quand nous aurons
donné un libre cours à nos mutuels
épanchemens, quel que soit le degré de sensibilité qu'ils peuvent exciter en nous, je vous rends votre
liberté pour en agir comme bon vous
semblera, quoique ce sera à regret
que j'en agirai ainsi, car je voudrais sauver de la mort une tête
aussi précieuse, une aussi belle personne, qui est à peine à son adoles-
cence; cependant, je vous le dis, je
vous rends votre liberté, parce que

je ne veux être gêné en rien dans la manifestation de la mienne.

— Je ne puis me rendre compte encore de ce qui a pu m'engager à vous suivre en cette ville, et pourquoi je me trouve ainsi transplantée, sans but comme sans motif, dans un lieu où je ne sais que devenir, n'ayant aucune espèce de ressource.

— Les miennes ne sont pas fort importantes, cependant elles peuvent nous suffire pendant quelque temps ; ainsi, je vous en prie, n'ayez aucun scrupule, aucune inquiétude à cet égard.

— Je conçois que dans le principe généreux qui vous conduit, votre âme peut être satisfaite de cet élan de bienfaisance, mais il n'en est pas de même de ma situation. Quel nom voulez-vous que je donne à l'acceptation bénévole de ce que vous m'offrez, sans avoir l'espoir de vous le rendre ?

—Eh ! qu'importe, au point où nous en sommes, toutes ces puérilités qu'on nomme convenances ? De grâce, ne me retenez pas, et souffrez que je m'occupe de vous procurer à l'instant même les objets dont vous avez besoin.

Sans attendre la réponse de Sophie, le jeune homme ouvrit la porte et sortit précipitament. Dès que madame Néville fut seule, son désespoir, que la présence du jeune peintre avait

modéré, devint plus violent que jamais ; elle se leva , parcourut à grands
pas la chambre où elle se trouvait ;
un tremblement convulsif agitait tous
ses membres , ses yeux étaient ha-
gards; une fièvre ardente la dévo-
rait, et elle maudissait maintenant
le hasard qui lui avait en quelque
sorte donné un compagnon d'infortune. Depuis une heure , l'infortunée
était dans cette situation , et le jeune
peintre ne paraissait pas. Tout-à-coup
l'idée lui vient que peut-être ce jeune
homme la trompe. Il est allé avertir
M. Néville ! Il est son ami. N'est-il
pas allé lui faire part de tout ce qui
se passe ?..... Une voiture s'arrête à
la porte de l'hôtel , Sophie s'approche
de la fenêtre..... C'est lui, c'est le

jeune peintre ; mais sa physionomie lui semble moins triste ; il s'élance dans l'hôtel , plus de doute pour la malheureuse Sophie , elle demeure persuadée que cet homme la trahit..... Déjà il monte l'escalier , elle entend ses pas.... La jeune femme est hors d'elle-même, la fièvre qui la brûle est arrivée au plus haut degré de violence.

—Je veux mourir, je le veux, s'e-crie-t-elle, et montant légèrement sur le balcon elle se précipite sur le pavé.

Cependant le jeune homme était arrivé à la porte de la chambre; après avoir frappé plusieurs fois inutile-ment, il entend des cris et une es-pèce de tumulte dans la rue; en un

intant il est descendu pour s'infor-
mer de ce qui se passe ; mais avant d'a-
voir obtenu une réponse de tous ceux
qu'il rencontre, il aperçoit le corps
sanglant de la malheureuse Sophie...
Elle était morte avant qu'on la rele-
vât. Pendant quelques instans le jeune
homme reste muet, immobile, puis
il paraît calme et résigné.

—Je tiendrai ma parole, dit-il,
nous ne nous quitterons pas.

Alors, tirant froidement un pistolet qu'il portait dessous son habit, il
se fit sauter la cervelle.

POSTFACE.

CE roman, lecteur, devait paraître il y a quelques mois. Je ne
vous dirai pas que vous ayez
perdu ou gagné ponr attendre,
par la raison toute simple qu'il
n'est pas bien démontré que vous
ayez attendu.

Enfin je vous ai présenté mon
Orpheline. Vous avez lu toute son
histoire (notez que ceci n'est
qu'une supposition). Vous avez
trouvé le commencement médio-

cre , la seconde partie intéressante et la fin mauvaise (conti-
nuation de la métaphore). Vexé
d'avoir si mal employé votre
temps , vous vous en prenez à moi,
et me demandez compte de cette
fin tragique qui vous déplaît. Que
vous dirai-je? L'auteur avait fait
un programme, et le programme
s'est perdu. Remarquez, je vous
prie, qu'en cet an de grâce rien
ne se perd plus facilement qu'un
programme. Que faire en pareil
cas ?

— Supprimer le tout , monsieur.

— C'était bien ce que je voulais faire ; mais advient le libraire.

— J'ai payé les trois volumes, dit-il, et je veux les avoir. Croyez-vous qu'un libraire jette l'argent par les fenêtres ?

— Dieu me garde de cette mauvaise pensée. Ce serait un crime que vos confrères ne vous pardonneraient pas. Cependant...

— Je ne veux rien entendre.

— Point de colère. Considérez...

— Je considère qu'il me faut trois volumes in-12, caractère cicéro, justification ordinaire, et quoique par le temps qui court le romancier ne soit pas à la hausse, nous aimons mieux tenir que courir.

— C'est fâcheux, sans doute ; mais, en conscience, je ne saurais...

— Chansons ! chansons !..

— Je n'ai plus l'esprit présent.

— Raison de plus pour vous hâter.

— Je me sens incapable de rassembler deux idées.

— Bon ! des idées ! il s'agit bien de cela... C'est un roman que je vous demande.

— Vous voulez donc me faire dire des sottises?

— Ce sera vous qui me forcerez d'en vendre.

— Cela sera détestable; le public ne l'achètera pas.

— Qu'est-ce à dire? Apprenez, mon ami, que le public est une excellente personne qui achète ce que nous voulons bien lui vendre.

—Mais je serai honni, bafoué, vilipendé.

— Possible; mais je vendrai mon édition.

Il le fallait. Pour mes péchés,

je pris la plume; le libraire fut
satisfait. Que Dieu lui pardonne!
Pour moi, je ne saurais lui en
vouloir; car par suite de cette
contestation, je fis un retour sur
moi-même, examinai ma conscience de romancier, et la trou-
vai chargée de quelques douzai-
nes de volumes inédits, dont,
avant de mourir, et pour faire
une bonne fin, il est indispensable que je fasse confession.

Ainsi donc, lecteurs respecta-
bles, armez-vous de résignation,
car vos lèvres n'ont fait jusqu'ici
qu'effleurer le calice. Il n'est pas
toujours facile de mourir, et c'est

fâcheux pour vous. Tenez-vous
pour avertis, et gare la bombe!

Pour vous donner un avant
goût des bonnes choses que je
vous destine, je veux bien vous
décliner les noms, titres, etc.,
de ces enfans à naître, dont le
babil égaiera, je l'espère, les lon-
gues soirées de l'hiver.

Ce sera d'abord *la Jeunesse
d'un grand - vicaire ;* puis *Mon
compère Mathurin ;* puis *les Co-
saques, les Ventrus et le Juste-
milieu ,* le tout préparé le mieux
qu'il m'a été possible, et conve-
nablement assaisonné.

Toutefois, ce ne sont pas des-

chefs-d'œuvre, gardez-vous de le
croire, il vous en faudrait trop
rabattre. D'ailleurs, qu'y a-t-il, je
vous prie, de plus insipide qu'un
chef-d'œuvre ? La perfection en-
gendre l'ennui, tout aussi bien
que l'uniformité. Rendons grâce
au ciel de n'être pas parfait; il serait trop dur de ne pouvoir trouver rien à redire aux personnes et
aux choses. C'est un inconvé-
nient, lecteurs honorables, que
vous n'aurez jamais à craindre
avec moi. Criez, tonnez, déchirez
à belles dents toutes ces bluettes;
ne vous faites faute, je vous prie;
taillez en plein drap; dites que

l'auteur n'est qu'un manœuvre;
qu'il serait bon tout au plus à
mettre au râtelier du budget; dites tout cela, bien d'autres choses
encore, et soyez sûr que je ne
m'en plaindrai pas, pourvu que
vous ne parliez qu'en connaissance de cause, et après avoir lu.
Au revoir donc, bonnes gens, et
que Dieu vous rende la vie douce,
afin que les cordons de votre
bourse se délient sans peine!

FIN.

TABLE

DES CHAPITRES

CONTENUS DANS LE TROISIÈME ET DERNIER VOLUME.

www.ingramcontent.com/pod-product-compliance
Lightning Source LLC
Chambersburg PA
CBHW070416090426

42733CB00009B/1686